AF467681

V AIRE
597

FACULTÉ DE DROIT DE PARIS

THÈSE

POUR LE DOCTORAT

PAR

EDMOND FRANCIS CAMBUZAT

VERSAILLES
IMPRIMERIE G. BEAUGRAND ET DAX
RUE DU POTAGER, 9

1873

FACULTÉ DE DROIT DE PARIS

DE MINORIBUS XXV ANNIS

EN DROIT ROMAIN

DE L'ÉMANCIPATION ET DES MINEURS ÉMANCIPÉS

EN DROIT FRANÇAIS

THÈSE POUR LE DOCTORAT

PAR

Edmond Francis CAMBUZAT

AVOCAT A LA COUR D'APPEL

Né à Clamecy (Nièvre).

Soutenue le 26 juillet 1873, à une heure et demie.

PRÉSIDENT : M. DEMANTE, Professeur,

SUFFRAGANTS : MM. BONNIER, BUFNOIR, GIDE, Professeurs ; LYON-CAEN, Agrégé.

Le Candidat répondra en outre aux questions qui lui seront faites sur les autres matières de l'enseignement.

VERSAILLES

IMPRIMERIE G. BEAUGRAND ET DAX

RUE DU POTAGER, 9

1873

Dépôt légal Seine-et-Oise N° 503 1875

30597

S15620

MEIS ET AMICIS

DROIT ROMAIN

DE MINORIBUS XXV ANNIS

(Dig., liv. IV, tit. IV. — Code, liv. II, tit. XX à LV.)

D'après les principes rigoureux du vieux droit Quiritaire, la puissance paternelle organisée dans l'intérêt du père et perpétuelle (sauf certains cas de dissolution limitativement déterminés) n'offrait pas à l'enfant une protection suffisante contre son inexpérience. Quant à la tutelle, perpétuelle pour les femmes, elle cessait de plein droit pour les hommes à l'époque de leur puberté, c'est-à-dire à quatorze ans. A cet âge, ils devenaient *sui juris*, c'est-à-dire maîtres de leurs actions, et, comme la loi des Douze Tables n'avait établi de curatelle que pour le *furiosus* et le *prodigus*, ils se trouvaient entièrement livrés à eux-mêmes et dépourvus de toute espèce d'appui.

Cette liberté absolue qu'ils avaient de disposer de leur

patrimoine fut bientôt reconnue dangereuse et nécessita l'adoption de mesures dont l'effet s'étendit jusqu'à la vingt-cinquième année; ainsi fut établie, quant à l'âge, une délimitation nouvelle inconnue dans l'ancien droit. L'Etat s'agrandissait, la richesse et le luxe des particuliers allaient toujours croissant; de là, l'altération des mœurs et la complication des rapports sociaux. Aussi la présomption autrefois bien fondée qui attribuait à tous les pubères l'intelligence des affaires n'était-elle pas en harmonie avec le nouvel état de choses.

Parmi les citoyens pubères, on distingua donc ceux qui n'avaient pas encore atteint l'âge de vingt-cinq ans (*adulti, adolescentes, minores viginti quinque annis*) et ceux qui avaient dépassé cet âge que l'on appela désormais *perfecta* ou *legitima ætas*. Le législateur entoura les mineurs de vingt-cinq ans d'une sollicitude spéciale, sollicitude qui s'étendit même jusque sur les majeurs de vingt-cinq ans (1) dans certains cas dont nous n'avons pas à nous occuper ici.

Nous diviserons en trois parties ce que nous avons à dire sur les mineurs de vingt-cinq ans : 1° *Ancien droit*, dans lequel nous étudierons les principales dispositions de la loi *Plætoria;* 2° *droit prétorien*, où nous nous occuperons de la *restitutio in integrum ;* 3° *droit impérial*, où nous parlerons des constitutions de Marc-Aurèle et de Septime-Sévère. Chemin faisant, nous verrons les innovations de Justinien, sans en faire l'objet d'un chapitre spécial.

---

(1) Dig. lib. IV, tit. VI, *Ex quibus causis majores XXV annis.*

PREMIÈRE PARTIE

ANCIEN DROIT

DE LA LOI *PLÆTORIA*

Ce fut la première modification apportée à la législation primitive de Rome. Les textes qui en parlent l'appellent tantôt *lex Lætoria*, tantôt *lex Lectoria*, tantôt enfin *lex Plœtoria*. Nous nous arrêterons à cette dernière version; c'est celle de la table d'Héraclée qui remonte au VIIe siècle de Rome et par son origine entièrement romaine doit mériter toute confiance. La date précise de cette loi nous est inconnue; nous savons seulement qu'elle existait déjà au VIe siècle de Rome, puisque Plaute y fait allusion dans ses comédies. Le texte ne nous est même pas parvenu en entier; nous n'en avons que des fragments.

Elle introduisit dans la législation une distinction inconnue auparavant en mineurs et majeurs de vingt-cinq ans. L'âge de vingt-cinq ans reçut dès lors le nom de *legitima œtas*, comme nous l'indique le Code Théodosien : « *Legitima œtas est* XXV *annorum*, *Lœtoria scilicet lege* » *inducta*, *definita* (1). » A l'aide de cette distinction, la loi Plœtoria entoura les mineurs de vingt-cinq ans d'une triple protection; car le Code Théodosien nous dit qu'elle contenait à cet égard trois chapitres principaux :

---

(1) Loi 2, liv. VIII, tit. XII, de donat.

CHAPITRE Ier. — Bien qu'il n'y eût ici de lésé qu'un intérêt privé, ce qui régulièrement n'aurait dû donner lieu qu'à une action civile, comme celle de dol ou d'injures, la loi Plætoria organisa contre toute personne qui aurait frauduleusement abusé d'un mineur de vingt-cinq ans une poursuite qualifiée par Cicéron de *judicium publicum rei privatæ* (1). Cette action criminelle, ouverte à tous, frappait le condamné d'une amende et entraînait pour lui l'infamie, comme cela paraît résulter de la lecture de la table d'Héraclée. En effet, cette table nous donne une longue liste de personnes incapables de figurer dans l'*ordo* ou corps des décurions et par conséquent inéligibles aux dignités municipales, liste qui a beaucoup de rapports avec celle des infâmes dans l'édit du préteur. Or, parmi ces personnes, les lignes 111 et 112 mentionnent : « *Quive lege Plætoria ob eamve rem, quod adversus eam legem fecit, fecerit, condemnatus erit.* »

CHAPITRE II. — Le contrat est annulé dans l'intérêt du mineur trompé (*circumscriptus*) qui peut opposer la nullité sous forme d'une *exceptio legis Plætoriæ*. En effet, Paul traitant des exceptions *rei cohærentes* paraît le dire formellement, lorsque, après avoir mentionné divers fidéjusseurs qui peuvent les invoquer, il ajoute; « Idem dicitur si pro filio » familias contra senatus-consultum (Macedonianum) quis » fidejusserit aut *pro minore* XXV *annis circumscripto* (2). » — On s'est demandé aussi si le mineur *circumscriptus* qui a une exception pour repousser la demande du créancier frauduleux ne pourrait pas aussi agir directement par voie d'action, afin de faire annuler l'acte qui lui a été pré-

(1) De Natura Deorum, lib. III, cap. III. — (2) Dig., loi 7, § 1, liv. XLIV, tit. I.

judiciable. Bien qu'il n'y ait à ce sujet qu'un texte assez obscur de Plaute, l'affirmative ne nous paraît pas douteuse. Le mineur de vingt-cinq ans eût été sans cela réduit à attendre que son créancier lui demandât l'exécution de son engagement pour s'y soustraire et fût resté pour ainsi dire à sa merci, ce qui eût été contraire au but même de la loi Plætoria. Il agira donc par une *condictio sine causa* ou une action *præscriptis verbis*.

Chapitre III. — Des deux dispositions précédentes, il résultait que les personnes de bonne foi craignant de s'exposer aux conséquences du *judicium publicum* et de ne point en outre recouvrer leur créance refusaient de traiter avec les mineurs de vingt-cinq ans; ceux-ci manquant alors de crédit, la protection établie en leur faveur par la loi Plætoria se retournait contre eux. C'est ce que nous révèle ce passage de Plaute : « *Lex me perdit quina vicennaria; metuunt credere omnes,* » dit un dissipateur : « *Eadem est mihi lex : metuo credere,* » lui répond son interlocuteur (1). Cette *lex quina vicennaria* ou loi relative à l'âge de vingt-cinq ans n'est autre que la loi Plætoria. — Pour remédier à cette situation, la loi Plætoria autorisa les mineurs de vingt-cinq ans à se faire nommer par le magistrat un curateur spécial toutes les fois qu'ils auraient à accomplir un acte juridique : le consentement de ce curateur en assurait alors la pleine validité et écartait tout soupçon de fraude. Ce troisième chapitre de la loi nous est connu par un texte de Julius Capitolinus, biographe de Marc-Aurèle, sur lequel nous reviendrons plus loin; ce fut un moyen indirect de contraindre tous les mineurs de vingt-cinq ans à se faire nommer un curateur.

---

(1) Plaute, Pseudolus, acte I, scène III.

DEUXIÈME PARTIE

DROIT PRÉTORIEN

DE LA *RESTITUTIO IN INTEGRUM*

Le préteur trouva insuffisante la protection de la loi Plætoria; car, si elle garantissait le mineur contre la fraude des tiers qui contractaient avec lui, elle le laissait sans secours contre sa propre inexpérience, quand il n'y avait pas fraude de la part de ces tiers. Suivant l'équité naturelle, *naturalem æquitatem secutus,* dit Ulpien, il décida qu'il examinerait tout acte de droit fait par un mineur de vingt-cinq ans et prononcerait une *restitutio in integrum* contre cet acte toutes les fois qu'il lui aurait été préjudiciable. Voici la disposition de l'édit qui nous montre que le préteur ne se décidait que *cognita causa :* « Prætor edicit : » *Quod cum minore, quam viginti quinque annis natu gestum* » *esse dicetur, uti quæque res erit, animadvertam* (1). »

Avant de commencer l'étude de la *restitutio in integrum,* nous devons faire remarquer que la protection de la loi Plætoria fut étendue à tous les citoyens, lorsque l'exception et l'action de dol eurent été consacrées par le droit commun, ce qui existait déjà du temps de Cicéron. Les mineurs

(1) Dig. — Loi 1, § 1, liv. IV, tit. IV. de minor. XXV annis, — Loi 43, *idem.* — Loi 3, liv. IV, tit. I.

de vingt-cinq ans rentrèrent donc de nouveau dans le droit commun : la *restitutio in integrum* eut pour but et aussi pour résultat de les en faire sortir.

Paul dans ses sentences définit ainsi cette innovation prétorienne : « *Integri restitutio est redintegrandæ rei vel causæ actio* (1). » — C'est, dit M. de Savigny, le rétablissement d'un état antérieur du droit (2), motivé par une opposition entre l'équité et le droit rigoureux et opéré par la toute-puissance du préteur qui change avec connaissance de cause un droit réellement acquis. Il n'y a pas là un rétablissement véritable, un rétablissement *ipso jure*, mais seulement la fiction d'un rétablissement *ipso jure*. Le rétablisement n'a lieu que *jure prætorio* : il y a même certains effets civils qui survivent au bénéfice de la *restitutio in integrum*.

Il ne faut pas confondre, ajoute le jurisconsulte allemand, la *restitution* avec certaines actions civiles tendant aussi à un rétablissement de l'état antérieur, telles que les *condictiones indebiti, sine causa, ob rem datorum*, et les actions *redhibitoria, doli, quod metus causa*. Toutes ces actions, notamment les actions *doli* et *quod metus causa*, peuvent, suivant les circonstances, s'exercer sous forme d'exceptions. Le rétablissement que réclame l'équité s'obtient alors par des modes spéciaux, c'est-à-dire par des actions personnelles et des exceptions.

Le caractère essentiel de la *restitutio in integrum* peut s'envisager sous deux aspects : son *but* qui est le rétablissement d'un état antérieur du droit (*restituere*) par le changement de l'état actuel, sa *forme* ou le moyen employé pour atteindre ce but et qui est la modification par l'autorité

(1 Liv. I, tit. VII, § 1. — (2) Droit Romain, t. VII, § 115.

judiciaire des rapports de droit existants. — Si l'on adopte le premier point de vue, la restitution figure dans les cas où des motifs d'équité font rétablir un état antérieur : elle se place à côté des actions *doli* et *quod metus causa* et des principales *condictiones*. Si l'on choisit au contraire le deuxième point de vue qui est seul conforme aux doctrines des jurisconsultes romains, la restitution devient alors une institution spéciale et entièrement distincte. — Cette confusion faite entre des institutions essentiellement différentes a pour cause des textes dont la phraséologie n'est pas irréprochable et où les jurisconsultes romains désignent sous le nom de *restitutio in integrum* des cas qui, en réalité, y sont étrangers.

La pensée fondamentale du préteur était de protéger contre eux-mêmes les pubères mineurs de vingt-cinq ans, qui autrefois avaient la disposition absolue de leurs biens, en écartant, au moyen de la restitution, les conséquences fâcheuses qui pouvaient résulter pour eux de leurs actes ou de leurs omissions. On alla successivement au delà et l'on accorda aux mineurs la restitution dans des cas où le besoin signalé plus haut n'existait nullement. — Ainsi elle fut étendue aux impubères, non pour le préjudice résultant de leurs propres actes, ces actes étant nuls de plein droit, mais contre le préjudice résultant des actes ou des omissions de leurs tuteurs, bien que le motif qui avait fait établir la restitution des mineurs ne fût nullement applicable à de semblables cas. De la même manière, les pubères mineurs de vingt-cinq ans dont les biens étaient administrés par des curateurs l'obtinrent contre les actes de ceux-ci.

Imaginée dans un but de protection pour les mineurs, la *restitutio in integrum* fut un de ces moyens termes si fréquemment employés par le préteur qui, n'osant ouvertement briser avec le droit civil, appelait la fiction à son aide pour le tourner afin de reculer jusqu'à la vingt-cinquième année une majorité évidemment prématurée. Si l'innovation se fût arrêtée là, rien de plus sage et de plus équitable; mais l'abus était près du remède. Créé uniquement pour invalider les actes émanant de personnes capables en droit, mais incapables en fait de conduire leurs affaires, ce bénéfice ne tarda pas à s'étendre aux opérations régulièrement faites par les tuteurs ou curateurs des mineurs; de telle sorte que, à part des exceptions très-limitées et commandées par la nature même des actes ou la qualité des personnes, aucun contrat passé avec un mineur de vingt-cinq ans ne fut à l'abri de la restitution (1). — Une semblable protection ne devait-elle pas aller souvent contre son but et nuire à ceux dans l'intérêt de qui elle était imaginée? N'eût-il pas mieux valu, pour protéger efficacement les mineurs, exiger, comme le fait notre code civil, certaines formes tutélaires dont l'observation eût sauvegardé leurs intérêts sans ruiner leur crédit? Poser la question, c'est ici la résoudre.

Nous placerons sous quatre chapitres principaux ce que nous avons à dire de la *restitutio in integrum* des mineurs de vingt-cinq ans, et nous examinerons successivement : 1° A qui et contre qui la restitution est accordée; 2° Quelles sont les conditions et les causes requises pour l'obtenir; 3° Quels sont les formes, la procédure et les effets de cette restitution; 4° Dans quels cas le mineur en perd le bénéfice.

---

(1) Dig. loi 29, pr. et loi 17, de minor.

CHAPITRE I

A qui et contre qui la restitution est accordée.

§ 1. — *A qui elle est accordée.*

En principe, la restitution ne se donne qu'aux mineurs de vingt-cinq ans, comme l'indique l'édit du Préteur (1). Ulpien ajoute dans son commentaire sur cet édit : « *Apparet minoribus annis* XXV *eum opem polliceri, nam post hoc tempus compleri virilem vigorem constat* (2) ». Dans ce cas, elle peut être demandée soit pendant la minorité, soit pendant une *année utile*, à compter de la majorité acquise. Plus tard, elle fut étendue aux pupilles, soit contre les actes faits par eux *auctoritate tutoris*, soit contre les actes de gestion de tuteur lui-même : les textes ne laissent aucun doute à cet égard (3). Enfin on alla plus loin et l'*in integrum restitutio* fut admise même pour les majeurs de vingt-cinq ans dans des circonstances déterminées qui font au Digeste l'objet d'un titre particulier (4).

A Rome, on était mineur de vingt-cinq ans tant que l'on n'avait pas atteint le jour et l'heure anniversaires de sa naissance, c'est-à-dire que l'on calculait *a momento in momentum* et non *de die ad diem*. C'est ce qu'exprime très-bien Ulpien quand il nous dit : « Minorem autem » xxv annis natu videndum, an etiam diem natalis sui » adhuc dicimus, ante horam qua natus est : ut, si captus

---

(1) Dig., loi 1, § 1, eod. tit. — (2) Loi 1, § 2, *id.* — (3) Loi 29, pr. et loi 47, pr. de minor. — (4) Liv. IV, tit. VI.

» sit, restituatur. Et cum nondum compleverit, ità erit » dicendum : *ut a momento in momentum tempus specte-* » *tur* (1) ». C'est ainsi qu'on interprète généralement aujourd'hui, avec raison, je crois, l'article 388 du Code civil.

Mais tous les mineurs de vingt-cinq ans ne jouissaient pas du bénéfice de la *restitutio in integrum*, bénéfice qui avait même fini par tourner contre eux, parce qu'il leur enlevait souvent tout crédit. La restitution devint une gène pour eux et ils regardèrent comme une faveur de pouvoir s'y soustraire : ce fut le but de la *venia ætatis*. On ne peut fixer au juste la date de cette innovation, on voit seulement qu'elle était en vigueur dans la seconde moitié du troisième siècle après Jésus-Christ. L'expression *venia ætatis* se rencontre dans les textes comme synonyme de *restitutio in integrum* : Ulpien critiquant une décision de Papinien nous en donne un exemple (2).

Nous croyons avec M. Accarias que l'on connaissait déjà à l'époque classique ce bénéfice que les textes du Code appellent *venia ætatis*. En effet, Papinien, à propos de la responsabilité des tuteurs, nous parle d'un ex-pupille, *pubere pupillo constituto*, qui, dit-il, *restitutionis auxilio non juvatur* (3). Qu'est-ce à dire, si ce n'est qu'il s'agit ici d'un mineur qui jouit de la *venia ætatis*? Sans cela, il faut convenir que le jurisconsulte s'est servi pour désigner un majeur de vingt-cinq ans d'une périphrase étrange et peu claire. — L'empereur seul pouvait accorder la *venia ætatis*; il le faisait d'ailleurs très-rarement (4). Tous les actes relatifs à la libre administration de ses biens et que le

---

(1) Dig. loi 3, § 3, liv. IV, t. IV, de minor. — (2) Loi 20, pr. *id.* — (3) Dig., loi 39, § 13, liv. XXVI, tit. VII. — (4) Loi 3, pr. liv. IV, tit. IV.

mineur a faits seul postérieurement au décret qui lui a accordé la *venia ætatis*, tous ces actes sont définitifs et irrévocables (1). Un rescrit d'Aurélien nous en donne le motif : « *Eos qui veniam ætatis a principali clementia im-*
» *petraverunt, etiamsi minus idonee rem suam adminis-*
» *trare videantur, in integrum restitutionis auxilium im-*
» *petrare non posse manifestissimum est; ne hi qui cum eis*
» *contrahunt, principali auctoritate circumscripti esse vi-*
» *deantur* (2). » — Cette règle s'applique à tous les contrats, la *venia ætatis* conférant à ceux qui l'obtiennent la libre administration de leur fortune. Elle leur donne même le pouvoir de transiger, mais leur interdit les donations, comme cela ressort du texte de Papinien cité plus haut : « Ab
» eo qui restitutionis auxilio non juvatur, quæstio culpæ
» tutorum conventione remitti potest : *Nec donatum, sed*
» *transactum videtur.* » La *venia ætatis* donne au mineur à peu près tous les droits d'un majeur. Ainsi, elle rend impossible la restitution pour ses actes à venir (3); elle fait courir, à l'égard des actes antérieurs, le délai fatal dans lequel elle doit se demander (4); elle dessaisit le curateur ou fait cesser toute possibilité d'une curatelle (5). Quant à la prohibition d'aliéner et d'engager les biens fonds sans un décret du prince, elle pesait sur tous les mineurs indistinctement, comme nous le verrons en étudiant le sénatus-consulte de Septime-Sévère (6). — Il est bien évident que la *restitutio in integrum* était admise contre l'obtention même de la *venia ætatis;* car celui qui l'a obtenue n'était alors qu'un mineur ordinaire. — Nous ne voyons pas que

---

(1) Code, loi 1, liv. II, tit. XLV. — (2) Code, loi 1, *id.* — (3) Loi 1, *id.* — (4) Loi 5, pr. liv. II, tit. LIII. — (5) Loi 3, liv. V, tit. LXXIV. — (6) Loi 2, § 1 et loi 3, *id.*

le droit des Pandectes exigeât un âge fixe pour accorder cette *venia ætatis*; mais Constantin décida qu'elle ne serait plus donnée qu'aux hommes majeurs de vingt ans et aux femmes majeures de dix-huit ans, pourvu d'ailleurs que leur conduite fût irréprochable (1). — Cette *venia ætatis* a de grands rapports avec l'émancipation de notre droit français.

La *restitutio in integrum* accordée en principe à tous les mineurs de vingt-cinq ans *patres familias*, c'est-à-dire *sui juris*, peut-elle aussi être accordée aux fils de famille? Ulpien nous dit que la question peut faire doute, parce que, si l'on décide qu'il faut protéger les fils de famille dans leur patrimoine propre, *in re peculiari*, on protégera par là même leurs pères qui sont des majeurs (2); or, le préteur n'a promis son secours qu'aux mineurs et non aux majeurs. Cependant il se range à l'avis de ceux qui pensent que le fils de famille mineur de vingt-cinq ans peut être restitué *in integrum* dans les causes où il est personnellement intéressé, par exemple, lorsqu'il s'est obligé. Si donc le fils s'est obligé par ordre de son père, celui-ci pourra certainement être poursuivi pour le tout (*in solidum*); mais si le fils est lui-même poursuivi, il devra obtenir le secours de la *restitutio in integrum*, tandis que son père ne l'obtiendra ni contre l'action *quod jussu* ni contre l'action *de peculio* (3). Il en est de même si le fils a contracté sans l'ordre de son père et a été lésé.

Voici un cas qui peut faire doute : Le pécule ordinaire du fils appartenant au père, si l'on restitue le fils contre un acte d'administration de ce pécule, la restitution profitera

---

(1) Loi 2, pr. *id.*, de his qui veniam. — (2) Dig., loi 3, § 4, de minoribus. — (3) Loi 3, § 4 et loi 23, *id.*

beaucoup plus au père majeur qu'au fils mineur. D'autre part, une constitution de l'empereur Claude donne au fils l'expectative du pécule, lorsque les biens de son père ont été confisqués. Ulpien a résolu cette difficulté en en faisant une question de procédure : il pose en principe que la restitution sera accordée ou refusée, suivant que l'on actionnera le fils ou le père (1). — On peut poser en règle générale que, toutes les fois qu'un fils de famille mineur a été lésé dans une affaire où il était intéressé, il pourra être restitué *in integrum :* les textes citent plusieurs exemples à l'appui.

Examinons une hypothèse qui a divisé les interprètes : Le créancier d'un mineur vend un gage constitué par celui dont le mineur est héritier. Le mineur a tout au plus une action soit contre le vendeur soit contre son tuteur, suivant les circonstances particulières de l'espèce; mais il n'a pas droit à la restitution contre l'acheteur, et, en général, il ne peut actionner ce dernier que s'il est complice de la fraude opérée par la vente (2). On a voulu voir dans cette règle une exception positive, aux principes sur la restitution des mineurs et un changement de l'ancien droit. Nous croyons avec M. de Savigny (3) qu'il n'y a pas là d'exception positive : car la restitution se rapporte exclusivement aux actes des mineurs ou de leurs représentants. Or la vente dont il s'agit ici est l'œuvre, non du mineur, mais du créancier agissant en vertu de son propre droit. — Pour établir que sur ce point l'ancien droit a changé, on s'appuie sur ce passage des sentences de Paul : « Minor » adversùs distractiones eorum pignorum et fiduciarum

---

(1) Loi 3, § 1, *id.* — (2) Code, loi 2, liv. II, tit. XXIX, et loi 2, liv. V, tit. LXXI. — (3 Droit Rom., tome VII. page 158.

» quos pater obligaverat, *si non ita ut oportuit a creditore* » *distractæ sint*, restitui in integrum potest (1). » Ces mots *si non ita ut oportuit*, dit-on, se rapportent au préjudice résultant d'une vente faite à trop bon marché. Mais rien ne nous oblige à les entendre ainsi : il vaut beaucoup mieux dire qu'ils se rapportent à l'omission de la vente du gage et dès lors le droit à la restitution n'est pas douteux.

Un fils de famille mineur a renoncé à un legs ou à un fidéicommis qu'il devait recueillir après la mort de son père (2); un autre, institué héritier à condition qu'il serait émancipé dans les cent jours, néglige d'en donner avis à son père qui était tout prêt à l'émanciper (3); il s'agit d'un bien spécialement attaché à la personne, comme du *jus militiæ* (droit anormal ayant pour objet l'entretien de la vie), ou du pécule castrans (4); ou bien enfin une fille de famille qui avait un droit éventuel sur sa dot à la dissolution du mariage s'en dépouille en permettant à son père d'en stipuler le retour à lui-même, postérieurement à la constitution de dot (5) : dans toutes ces hypothèses qui ne sont que des exemples pris entre mille le droit à la restitution est incontestable.

Quand un mineur soumis à la puissance paternelle contracte une dette, il peut toujours être actionné soit pendant la durée, soit après la dissolution de cette puissance. Mais le père peut l'être aussi, notamment en vertu de l'action *quod jussu*, s'il a chargé son fils de recevoir la somme empruntée; en vertu de l'action *de pœculio*, s'il existe un pécule (6). Le fils poursuivi par le créancier peut se faire

---

(1) Liv. I, tit. IX, § 8. — (2) Dig., loi 3, § 7, de minor. — (3) Loi 3, § 8, *id.* — (4) Loi 3, § 7 et 10, *id.* — (5) Loi 3, § 5, *id.* — (6) Loi 1, liv. XIV, tit. V.

restituer *in integrum;* mais pour le père, il n'y a pas, ainsi que nous l'avons dit plus haut, de restitution possible contre l'action *quod jussu* ou *de pæculio.*

En principe, le mineur de vingt-cinq ans soumis à la puissance paternelle est restitué contre ses propres actes comme s'il était *sui juris,* pourvu qu'il y ait intérêt, et le père ne peut s'en prévaloir. Toutefois beaucoup d'auteurs font exception à cette règle quand l'acte préjudiciable au mineur est un prêt d'argent qu'il a reçu par ordre de son père ; dans ce cas, disent-ils, la restitution n'est pas possible. C'est là une doctrine qui ne nous paraît pas fondée et nous préférons l'opinion contraire enseignée par M. de Savigny.

Voici d'abord les considérations qu'on a fait valoir en faveur de cette doctrine : La dignité de la puissance paternelle, a-t-on dit, serait compromise, si, en accordant la restitution, on déclarait préjudiciable un acte ordonné par le père ; mais Ulpien nous dit le contraire : « *Proinde si jussu patris* » *obligatus sit;* pater utique poterit in solidum conveniri : » *Filius autem auxilium impetrare debebit,* si ipse conve- » niatur (1). » — L'intervention du père, dit-on encore, empêche le fils d'emprunter à la légère et d'une façon préjudiciable ; mais, si le contraire arrive par l'imprudence du père, il n'y a pas de raison pour restreindre cette exception au seul prêt d'argent. — Enfin Cujas prétend que ceux qui prêtent à un fils de famille sont assez punis par le sénatus-consulte macédonien pour qu'on puisse avoir pour eux quelque indulgence, surtout lorsqu'on rencontre des prêteurs assez loyaux pour ne vouloir prêter qu'avec le consentement du père. Nous ne croyons pas que cette

---

(1) Loi 3, § 1, de minor, et loi 29, pr. *id.*

raison eût été donnée par un jurisconsulte romain. Comment admettre, en effet, qu'un mineur ne pût se faire restituer contre un emprunt fait à l'ombre de l'autorité paternelle, quand cette même garantie n'est pas trouvée suffisante pour mettre à l'abri de tout recours un débiteur qui ne fait que payer sa dette? Ne serait-ce pas le cas de dire avec Paul qu'il faut être plus sévère pour le prêteur que pour le débiteur; car on n'est pas forcé de prêter, tandis qu'on est forcé de payer sa dette (1).

On s'appuie ensuite sur deux textes de loi. — Voici le premier : « Si igitur filius conveniatur, postulet auxilium : » si patrem conveniat creditor, auxilium cessat, *excepta* » *mutui datione :* in hac enim, *si jussu patris mutuam pe-* » *cuniam accepit, non adjuvatur* (2). » Toute la question dépend de l'interprétation de ce texte. Les mots *non adjuvatur* semblent indiquer l'exception à la règle, nous dit-on; la règle ne paraît donc résulter que d'un *adjuvatur* ou d'un synonyme. Mais les mots *auxilium cessat* qui précèdent sont synonymes de *non adjuvatur* et l'exception ne semble pas s'y rapporter, d'autre part, *postulet auxilium* contraste avec *non adjuvatur* qui serait l'exception à la règle. En présence de cette contradiction, les uns la justifient par les considérations que nous avons présentées plus haut; les autres rapportent l'exception à la proposition qui concerne le fils, ce qui alors fait violence au texte.

L'explication de M. de Savigny est beaucoup plus simple. — Ulpien dit que le prêt d'argent ne donne lieu qu'à une exception qui ne peut être que celle du sénatus-consulte macédonien, exception invocable tant par le père

---

(1) Loi 24, § 1, *id.* — (2) Loi 3, § 4, *id.*

que par le fils et spéciale au prêt d'argent (1). Cette exception doit donc nécessairement exprimer une affirmation (*adjuvatur*) et non pas une négation (*non adjuvatur*). Pour cela il suffit de mettre : « *Si filius non jussu patris mu-* » *tuam pecuniam accepit, adjuvatur* (c'est-à-dire *pater ad-* » *juvatur*). » On arrive alors à cette proposition très-simple : En général, on ne vient pas au secours du père actionné pour les actes de son fils, à moins qu'il ne s'agisse d'un prêt d'argent, car, contre cette action, le père a l'exception du sénatus-consulte, pourvu que le fils n'ait pas emprunté par son ordre. — On peut encore dire : Au cas d'un prêt d'argent, le père a contre l'action *de peculio* l'exception de sénatus-consulte macédonien : il ne l'a pas contre l'action *quod jussu*. Dans aucun cas, il ne peut invoquer la restitution. — La justesse de cette interprétation résulte de ce passage d'Ulpien : « *Proinde et si sine jussu* » *patris contraxit et captus est : si quidem pater de peculio* » *conveniatur, filius non erit restituendus : si filius conve-* » *niatur, poterit restitui* (2). » — Nous avons donc ici deux décisions : l'une relative au père, l'autre relative au fils.

Contre la première décision relative au père (*Proinde si jussu patris*, etc.), on objecte : Si le père est actionné, le fils n'étant pas mis en cause ne peut être restitué. Mais si le père ne peut ou ne veut user de l'exception du sénatus-consulte, il paiera avec l'argent du pécule et ce sera le fils qui perdra. A cela, nous répondons avec Ulpien que l'intérêt du fils est ici un fait et non un droit, que le père ayant la propriété du pécule peut en disposer à sa guise — Contre

(1) Dig., loi 7, § 10, et loi 9, § 3, liv. XIV, tit VI. — Code, loi 6, pr. liv. IV, tit. XLVIII. — (2) Loi 3, § 4, de minor.

la deuxième décision relative au fils (*Proinde si sine jussu patris*, etc.), on objecte : Le fils actionné a droit à la restitution, mais il a aussi l'exception du sénatus-consulte qui vaut *ipso jure* : la restitution est donc dès lors inutile et inadmissible. L'exception, répondrons-nous, peut ne pas s'appliquer par suite de l'erreur où se trouve le créancier relativement à l'existence de la puissance paternelle (1) ou du moins ceci peut être allégué. La restitution peut donc être utile et même indispensable pour protéger le fils, car le fait seul de la minorité suffit.

Le second texte qui prouve, dit-on, que le fils n'a pas droit à la *restitutio in integrum* contre un prêt d'argent quand il a agi par ordre de son père est un rescrit de l'empereur Gordien. « *Si frater tuus, cum mutuam pecuniam* » *acciperet, in patris fuit potestate, nec jussu ejus, nec* » *contra senatus-consultum contractum est : propter lu-* » *bricum ætatis, adversus eam cautionem in integrum res-* » *titutionem potuit postulare* (2). »

Le débiteur mineur, dit l'Empereur, a droit à la restitution contre un prêt d'argent à deux conditions : 1° Si l'emprunt n'a pas été fait par ordre du père, ; 2° s'il ne tombe pas sous la prohibition du sénatus-consulte. — Cette dernière condition confirme ce que nous avons dit. Si, de l'aveu de tous, le sénatus-consulte est applicable, la restitution est inutile ; s'il est inapplicable, parce que le créancier ignorait l'existence de la puissance paternelle ou que cela était douteux ou contesté, alors la restitution peut être accordée. — La première condition doit s'entendre ainsi : Si le père n'a pas ordonné l'emprunt, le fils obtient la

---

(1) Dig., loi 3, pr. et loi 19, liv. XIV, tit. VI. — (2) Code, loi 2, liv. II, tit. XXIII.

restitution (ce que dit le texte) ; s'il l'a ordonné, le fils ne l'obtient pas (ce que le texte dit indirectement). Cette dernière partie du texte paraît confirmer l'exception que nous étudions et justifier l'interprétation qu'on donne ordinairement de ce passage d'Ulpien. — C'est la concordance apparente des deux textes d'Ulpien et de Gordien qui a fait admettre ici comme incontestable par beaucoup d'auteurs l'exception dans le cas d'un emprunt ordonné par le père.

On se fonde encore sur un argument *a contrario* du texte de Gordien, ce qui est dangereux dans les rescrits du Code où il s'agit toujours d'un cas spécial. — Les deux conditions dont nous avons parlé peuvent s'entendre ainsi : S'il est vrai, comme on le prétend, que le père n'ait pas ordonné l'emprunt et que la violation du sénatus-consulte ne rende pas la restitution inutile, elle doit être accordée. La mention faite dans la requête adressée à l'Empereur et reproduite dans le rescrit que le père n'a pas donné d'ordre à son fils ne signifie pas, comme on le prétend, que la restitution devrait être refusée si le père eût ordonné l'emprunt, mais bien qu'elle est plus facile à obtenir si le père n'a rien ordonné.

Mais si, au lieu d'un homme libre, il s'agit d'un esclave mineur de vingt-cinq ans, il ne pourra jamais obtenir la *restitutio in integrum;* car Ulpien nous dit qu'on ne doit considérer que la personne du maître qui devra s'imputer à lui-même d'avoir confié ses intérêts à un mineur (1). Ainsi ce que l'esclave a géré, le maître est réputé l'avoir géré lui-même (2) ; car un esclave n'est jamais obligé par ses contrats. Dans un seul cas, la restitution pouvait être accordée à un esclave mineur : c'était lorsqu'il était induit à faire un

(1) Dig., loi 3, § 11, de minor. — (2) Loi 4, *id.*

acte compromettant l'exécution d'un fidéi-commis d'où dépendait sa liberté (1).

En principe, avons-nous dit, la restitution ne doit pas profiter aux majeurs; il y a cependant des exceptions. — Une première concerne les héritiers du mineur qui, les textes le disent formellement, peuvent se faire restituer *in integrum* (2) du chef de ce *de cujus, etsi sint ipsi majores*, pourvu qu'ils le fassent comme lui en temps utile (3). — Une autre se rapporte à la gestion d'affaires : Si un mineur, *sua sponte* (4), c'est-à-dire sans en avoir reçu mandat, administre d'une façon préjudiciable les affaires d'un majeur, il pourra être contraint par celui-ci à le constituer *procurator in rem suam*, afin d'obtenir par là une *restitutio in integrum* qui le rende complétement indemne. — Une troisième exception importante par les controverses auxquelles elle a donné lieu est celle qui concerne les cautions. La *restitutio in integrum* d'un mineur de vingt-cinq ans doit-elle profiter à ses cautions? La question ne saurait se présenter pour un majeur, car dans ce cas la caution peut toujours invoquer l'exception qu'aurait eue celui qui a été lésé, sans qu'il soit besoin d'aucune restitution (5). Le mineur dont la dette a été garantie par une caution est obligé vis-à-vis de son créancier et vis-à-vis de sa caution qui, si elle acquitte la dette, volontairement ou par suite d'une condamnation, a toujours son recours contre son débiteur principal, soit par une action *mandati*, soit par une action *negotiorum gestorum* (6). Il est, s'il le veut, protégé également par la restitution contre ces deux actions; la question

---

(1) Dig., loi 5, de minor. — (2) Loi 18, § 5 et loi 3, § 9, de minor. — (3) Loi 19, *id.* — (4) Loi 24, pr. *id.* — (5) Loi 7, § 1, liv. XLIV, tit. I. — (6) Dig., liv. III, tit. 5, loi 13. — Loi 6, § 2, et loi 18, liv. XVII, I.

pratique est donc de savoir qui doit supporter la perte du créancier ou de la caution (1). Dans la loi 1re au *Code de fidejussoribus minorum*, les expressions *modo si eo quoque nomine restitutionis auxilio non juvaberis* se rapportent au cas où l'une des deux actions dirigée contre le mineur serait éteinte par la prescription. — Si le créancier assigne d'abord la caution, celle-ci n'a aucun droit à la restitution ; mais elle peut opposer le bénéfice de discussion, et il n'y a alors de question que pour le cas où le mineur poursuivi le premier a obtenu la restitution.

Il s'agit dans ce cas de savoir si la caution poursuivie plus tard peut invoquer pour son compte la restitution, non plus seulement possible, mais réellement accordée. Des textes semblent décider que la caution peut obtenir (2), d'autres qu'elle ne peut obtenir la restitution (3). La loi 7, § I, au *Digeste,* accorde aux cautions les exceptions des débiteurs principaux dans plusieurs cas étrangers à notre question, puis elle dit en parlant de la restitution : « Quod si » deceptus sit in re (id est sine dolo), tunc nec ipse ante » habet auxilium quam restitutus fuerit, *nec fidejussori* » *danda est exceptio.* » Ces derniers mots peuvent signifier : la caution ne doit jamais obtenir le secours de la *restitutio in integrum,* ou bien : Elle ne doit l'obtenir qu'après la restitution du mineur ; cette deuxième interprétation est celle auquel le texte se prête le mieux.

Les expressions indéterminées de tous ces textes doivent s'entendre non dans le sens d'une vérité générale et absolue, mais dans celui d'une vérité relative subordonnée à cer-

---

(1) Loi 13, pr. de minor. — Code, loi 1, liv. II, tit. XXIV. — (2) Dig., loi 3, § 4, de minor. et loi 51, pr. liv. III, tit. III. — (3) Loi 7, § 1, liv. XLIV, tit. I. — Code, lois 1 et 2, liv. II, tit. XXIV.

taines conditions. Cette explication ressort d'ailleurs clairement d'un texte d'Ulpien qui nous montre comment se concilient ces décisions en apparence contradictoires. Le jurisconsulte nous dit que le prêteur jugera, d'après les circonstances particulières de chaque espèce, si la perte doit être supportée par le créancier ou la caution. Pour résoudre cette question, il pose ce principe évidemment vrai que la caution doit supporter la perte quand elle a précisément garanti le danger résultant pour le créancier de la minorité du débiteur. « *Itaque*, dit-il, *si cum scirem minorem et ei* » *fidem non haberem, tu fidejusseris pro eo ; non est æquum* » *in necem meam subveniri ; sed potius ipsi deneganda erit* » *mandati actio* (1). » Paul confirme pleinement cette doctrine : « *Qui sciens prudensque se pro minore obligavit*, si id » *consulto consilio* fecit, licet minori succurratur, *ipsi tamen* » *non succurretur* (2). » Ces mots *consulto consilio* ne désignent pas la volonté en général qui existe pour le cautionnement comme pour tout autre contrat, mais bien la volonté de garantir le créancier contre les effets de la restitution.

Quels seront les moyens à employer pour obtenir ces résultats? D'après Ulpien, voici la voie la plus sûre. Le mineur demande en même temps la restitution contre le créancier et la caution : toutes les parties se trouvant en présence, le prêteur est alors mis à même de déterminer qui doit supporter la perte : « Unde tractari potest, ajoute » le jurisconsulte, minor in integrum restitutionem utrum » adversus creditorem an adversus fidejussorem implorare » debeat, et puto tutius adversus utrumque (3). » — Mais

(1) Dig., loi 13, pr. de minor. — (2) Sentences, liv. I, tit. IX, § 6. — (3) Dig., loi 13, pr. de minor.

si le mineur n'adopte pas cette marche et se contente de demander la restitution contre le créancier ou reste quelque temps sans agir, il faut que la caution puisse exercer immédiatement son recours contre lui, afin de le contraindre à lui céder sa restitution et l'opposer ensuite au créancier. Ce recours équitable et qui ne préjudicie nullement au mineur est admis par Paul dans un cas analogue à celui de la caution : Si un mineur ayant entrepris de lui-même pour un majeur une gestion d'affaires commet une négligence, il peut se faire restituer et préserver ainsi le majeur de tout dommage. Mais si le mineur ne demande pas la restitution, il peut se la faire céder et en user lui-même (1).

§ 2. — *Contre qui elle est accordée.*

La *restitutio in integrum* se donne contre tous ceux qui ont trompé un mineur de vingt-cinq ans ; voilà la règle générale. Examinons certains cas que les textes citent à titre d'exemples.

Gaius nous dit d'abord que la restitution est inadmissible contre ceux que l'on ne peut atteindre par l'action de dol, à cause du respect qu'on leur doit (2) ; tels sont les ascendants, le patron et ceux qui ont été revêtus de certaines dignités. Ces exceptions ont été consacrées par une constitution de Justinien qui a tranché d'anciennes controverses (3). Pour l'action de dol, l'exception n'a d'autre sens que d'écarter le dol et l'infamie qu'elle entraîne ; pour la restitution

---

(1) Loi 24, pr. de minor. — (2) Loi 27, § 4, id, — et loi 11, liv. IV, tit. III. — (3) Code, loi 2, liv. II, tit. XLII.

au contraire, l'exception défend de diriger, contre les personnes exceptées, aucune action qui puisse suppléer à la restitution. — Quand un mineur de vingt-cinq ans a été lésé par les agents du fisc, un rescrit des empereurs Sévère et Antonin lui permet de se faire restituer *in integrum* (1).

Un mineur peut-il être restitué contre un mineur? — Pomponius refuse ici toute restitution, tandis qu'Ulpien est d'avis que le prtéeur doit examiner lequel des deux a été trompé. Si tous deux ont été trompés, si, par exemple, un mineur a prêté de l'argent à un autre mineur qui l'a dissipé, on doit, d'après Pomponius, préférer ce dernier (2). La perte retombera alors sur le prêteur par application de la maxime : « *In pari causa, melior est conditio rei quam actoris.* »

Un mineur contracte avec un fils de famille majeur protégé par le sénatus-consulte macédonien et demande ensuite la *restitutio in integrum*; dans ce cas Ulpien, Julien et Marcellus décident qu'il devra être écouté « *ut magis ætatis ratio quam senatus-consulti habeatur* (3). » — Si au contraire un mineur a prêté de l'argent à un fils de famille mineur qui l'a dissipé, on préférera ce dernier qui a ici une double protection (4), à moins qu'il ne se soit enrichi.

Il en serait autrement dans le cas du sénatus-consulte Velléien, comme l'indique Gaius (5). Si, dit-il, une femme s'est obligée envers un mineur aux lieu et place d'un de ses débiteurs (par une *expromissio, pro alio*), ce mineur n'aura pas d'action contre elle, et sera, comme les autres, repoussé par l'exception du sénatus-consulte. D'après le droit commun, il conserve son action contre son ancien débiteur, pourvu toutefois qu'il soit solvable : sans cela, la femme ne

---

(1) Loi 1, liv. II, tit. 37. — (2) Dig., loi 11, § 6, de minor. — (3) Loi 11, § 7, *id.* — (4) Loi 34. pr. *id.* — (5) Dig., loi 12, de minor.

ne pourrait plus invoquer le secours du sénatus-consulte et le mineur serait restitué *in integrum*.

La restitution peut aussi être accordée quelquefois contre quiconque a profité de la chose. Ainsi nous voyons qu'elle est donnée *in rem* (1), c'est-à-dire contre le possesseur de la chose, bien que l'on n'ait pas traité avec lui; lorsque, par exemple, vous avez revendu à un tiers ce que vous avez acheté d'un mineur. — Cependant Labéon tient compte ici de la bonne ou de la mauvaise foi du tiers contre qui la restitution est demandée, et il pose l'espèce suivante : Un mineur de vingt-cinq ans a vendu et livré un fonds à un acheteur qui l'a aliéné; ce second acheteur devra subir la *restitutio in integrum*, s'il est de mauvaise foi. Si au contraire il est de bonne foi et que le premier acheteur soit solvable, il ne la subira pas; mais s'il est insolvable, il est alors plus juste de décider que l'on viendra au secours du mineur, même au préjudice de l'acheteur de bonne foi. — Tant que celui qui a reçu d'un mineur ou de son héritier n'est pas inquiété, on laisse en paix l'acheteur de bonne foi (2); mais dès que la restitution est accordée contre celui-ci, il peut recourir contre son auteur (3). — La restitution, nous dit-on encore, est donnée au mineur dans le cas suivant : Un mineur de vingt-cinq ans a, sans cause, donné quittance à un débiteur; il recouvrera son action non-seulement contre ce débiteur lui même, mais aussi contre ses cautions et ceux qui lui avaient engagé leurs biens. — De même, si, ayant deux coobligés, il a sans motif donné quittance à l'un d'eux, il recouvrera son action contre tous les deux (4).

---

(1) Loi 13, de minor. — (2) Loi 14, *id*. — (3) Loi 15, *id*. — (4) Loi 27, § 2, *id*.

CHAPITRE II

Conditions et causes de la *RESTITUTIO IN INTEGRUM*

SECTION I. — CONDITIONS NÉCESSAIRES POUR L'OBTENIR

Il est évident que l'obtention d'un bénéfice aussi exorbitant du droit commun ne devait pas être laissé à l'arbitraire du magistrat ; aussi le préteur avait-il déterminé avec soin les conditions mises à la faveur qu'il accordait. — Ces conditions, en ce qui concerne les mineurs de vingt-cinq ans, sont au nombre de deux principales : 1° Il faut que le mineur ait été lésé, 2° que nulle autre voie de recours ne lui soit ouverte ou ne lui offre une protection équivalente. Outre cela il est évident qu'il faut être mineur de vingt-cinq ans ; c'est même la condition primordiale. Il faut donc *probare ætatem*, ce qui se fait toujours *cognita causa* (1).

§ 1. — *Lésion.*

Nous trouvons ici l'application de l'adage : « *Minor restituitur, non tanquam minor, sed tanquam læsus,* » ce qui se comprend à merveille, si l'on se rappelle que le mineur acquérait avec la puberté l'exercice de tous les droits civils. C'était donc le seul fait de la lésion qui pouvait motiver, aux yeux du préteur, une modification aussi importante des rapports de droit régulièrement établis. Mais la lésion suffit, et il n'est pas nécessaire d'avoir à

---

(1) Dig., loi 43, de minor.

alléguer la fraude, comme pour l'action ou l'exception de la loi Plætoria. — La lésion, dit Savigny, consiste dans un changement véritable de l'état du droit et préjudiciable à celui qui réclame la restitution, changement d'ailleurs régulier et légitime. Il ne faut pas en effet que ce changement soit une violation du droit, cas auquel les actions ordinaires seraient parfaitement suffisantes et la restitution inutile. Ce changement peut résulter d'un acte ou d'une omission. La lésion, comme nous le dit Ulpien (1), ne consiste pas seulement en une diminution accomplie dans l'état du droit, mais aussi dans la transformation d'un droit certain en un droit douteux et contesté.

Dans le domaine du droit, l'usucapion nous apparaît comme le cas le plus fréquent où une lésion motive la restitution. En effet, quand un propriétaire est dépouillé de sa propriété par une usucapion à laquelle il n'a pas mis obstacle, la restitution le relevant de cette négligence peut faire revivre l'état du droit qui existait avant l'usucapion accomplie. Il en est de même de la perte d'une servitude par le non-usage, d'une succession prétorienne par le défaut d'adition dans les délais.

Il en serait de même de la perte d'un droit d'action par la prescription sans les dispositions exceptionnelles que voici. — S'il s'agit d'un fils de famille, la prescription ne court contre lui, à raison des biens qui font partie de son pécule adventice, qu'à partir du moment où l'exercice de ses actions lui appartient ; il faut donc qu'il ait changé de condition. Jusque là, il est dans l'impossibilité d'agir et recueille les bénéfices de la règle : *contra non valentem agere, non currit præscriptio.* Ce point est formellement

---

(1) Loi 6, de minor.

reconnu par une constitution de Justinien dont voici le passage principal : « Apertissima definitione sancimus, fi-
» liisfamilias in omnibus his casibus, quibus habent res
» minime patribus suis acquisitas, nullam temporalem
» exceptionem opponi, *nisi ex quo actionem movere potue-*
» *runt*, id est, postquam manu paterna, vel ejus in cujus
» potestate erant constituti, fuerint liberati. *Quis enim*
» *incusare eos poterit, si hoc non fecerint, quod, etsi ma-*
» *luerint, minime adimplere lege obviante valebant* (1) ? »
— S'il s'agit d'un impubère, aucune prescription ne court contre lui (2). Pour le pubère mineur de vingt-cinq ans, on distingue entre la prescription trentenaire et les prescriptions plus courtes. La première n'est jamais suspendue, même pendant la minorité, et n'admet aucune restitution. Quant aux secondes, nous ne trouvons aucune restriction au principe général de la restitution qui embrasse, comme le dit Ulpien, « *Quodcumque gestum esse dicetur, sive contractus* » *sit, sive quid aliud contigit.* » Nous voyons seulement que, depuis Justinien, le mineur de vingt-cinq ans est protégé par le droit civil lui-même qui empêche la prescription de courir et rend ainsi la restitution superflue.

Ces principes résultent d'une constitution des empereurs Honorius et Théodose : « Non sexus fragilitate, non ab-
» sentia, non militia contra hanc legem defendenda, *sed pu-*
» *pillari ætate duntaxat (quamvis sub tutoris defensione consis-*
» *tat) huic eximenda sanctione. Nam cum ad eos annos perve-*
» *nerint, qui ad sollicitudinem pertinent curatoris, neces-*
» *sario eis similiter, ut aliis, annorum triginta intervalla*
» *servanda sunt* (3). » La restitution nous semble formel-

---

(1) Code, loi 1, liv. VII, tit. XL. — (2) Code, loi 3, liv. VII, tit. XXXIX. — (3) Code, loi 3, liv. VII, tit. XXXIX.

tement exclue par les derniers mots que nous venons de citer : *necessario eis similiter, ut aliis, annorum triginta intervalla servanda sunt*. D'ailleurs, il est constant qu'avant les réformes de Justinien, il fallait recourir à la restitution pour être relevé des courtes prescriptions. *A fortori*, devait-il en être ainsi pour les longues prescriptions dont il est plus aisé de se garantir, et il est inadmissible de penser que, dans ce dernier cas, le mineur fût protégé *ipso jure*. Les dispositions que nous venons de reproduire ne peuvent donc avoir d'autre sens que de supprimer, pour les prescriptions trentenaires, la faculté de restitution qui existait pour les autres. — L'innovation de Justinien consiste à supprimer la restitution pour les courtes prescriptions qui ne courront plus désormais contre les mineurs (1). — C'est par le même motif que le créancier mineur dont le débiteur n'aurait pas reçu d'avertissement n'obtiendra pas la restitution pour cette omission, tout débiteur d'un mineur étant *ipso jure* constitué *in mora* (2).

Il y a sans aucun doute lieu à restitution quand le patrimoine du mineur a été diminué, par exemple par une aliénation ; mais faut-il aller plus loin et admettre la restitution pour un simple défaut d'accroissement, c'est-à-dire par cela seul que le mineur a négligé d'augmenter son patrimoine ? Oui, ainsi que cela résulte d'un grand nombre de textes. — Le mineur qui a répudié une hérédité avantageuse est restituable, bien qu'il ait seulement manqué de s'enrichir (3). Ulpien admet formellement la restitution quand il nous dit : « Hodie certo jure utimur *ut et in lucro* minoribus succurratur (4). » Un mineur achète une chose à

---

(1) Loi 5, liv. II, tit, XLI. — (2) Loi 3, *id.* — (3) Dig., loi 7, § 9, de minor. — (4) Loi 7 § 6 et 8, *id.*

condition que la vente sera résolue si dans un certain délai le vendeur trouve un meilleur prix (*pacte commissoire*), puis laisse s'accomplir la condition résolutoire, faute par lui d'offrir ce meilleur prix ; ou l'admet à se faire restituer (1) si la chose vendue a pour lui un intérêt d'affection. Ulpien généralisant le principe, nous dit que les mineurs sont restitués, « *si ab aliis circumventi, vel sua facilitate de-*
» *cepti, aut quod habuerunt, amiserunt; aut quod, adqui-*
» *rere emolumentum potuerunt, amiserunt; aut se oneri,*
» *quod non suscipere licuit, obligaverunt* (2). » Enfin Paul nous dit formellement : « *Minoribus etiam in his succurri,*
» *quæ non adquisierunt* (3). »

Si de ces diverses décisions nous tirons une formule générale, nous dirons qu'un gain manqué ou un intérêt moral méconnu constitue une lésion suffisante, pourvu qu'à ces circonstances s'ajoute la perte d'un droit né et actuel. — D'autre part, en nous reportant au texte même de l'Edit prétorien qui a établi la *restitutio in integrum* (4), nous voyons qu'il contredit ce que nous venons d'avancer et pose en principe que la lésion ne peut résulter que d'un acte positif du mineur, puisqu'il exige de sa part *aliquid gestum*. Malgré cela, les jurisconsultes romains n'hésitent pas à admettre la restitution à l'égard des simples omissions qui emportent diminution du patrimoine où dépouillement d'un droit, comme nous le verrons plus loin.

La question a été vivement discutée pour les majeurs de vingt-cinq ans, beaucoup d'auteurs pensant qu'ils n'étaient restituables que pour les pertes et non pour défaut de gain, comme les mineurs. Voici en effet un texte qui semble

---

(1) Loi 5, de minor. — (2) Loi 11, *id.* — (3) Loi 17, § 3, liv. XXII, tit. I, *de usuris et fructibus*. — (4) Loi 1, § 1, de minor.

décisif : « Sciendum est, quod in his casibus restitutionis » auxilium majoribus damus, in quibus *rei duntaxat per-* » *sequendæ* gratia queruntur, non cum et *lucri faciendi* » *ex alterius pœna vel damno* auxilium sibi impertiri desi- » derant (1). » — M. de Savigny pense au contraire avec raison qu'il n'existe ici pour les mineurs aucun privilége spécial. Il faut, dit-il, distinguer entre le gain provenant de la diminution d'un bien déjà acquis à un autre et celui dont l'origine est différente. Le premier ne peut jamais donner lieu à restitution, pas plus pour un mineur que pour un majeur (2) ; le second, au contraire, peut donner lieu à restitution pour tout le monde, dès qu'il y a un motif suffisant (3). Cette distinction faite par le jurisconsulte allemand était d'ailleurs formellement acceptée par Cujas dans son commentaire de la loi 18 au Digeste, où il dit expressément : « Duo sunt genera lucrorum, etc. (4). »

Au surplus, l'*in integrum restitutio* se propose pour but unique de garantir le mineur contre les dangers auxquels l'expose son inexpérience (*lubricum ætatis*). Il ne faudrait pas objecter contre cette proposition, dit M. Accarias, que la restitution est bien accordée aux mineurs contre les actes de leur tuteur ou curateur ; car c'est l'inexpérience même de leur âge qui a rendu la curatelle ou la tutelle nécessaire. — Mais cette protection ne doit ni dégénérer en un piége pour les tiers, ni entraver la gestion du mineur ou de son curateur en leur ôtant tout crédit. D'où nous devrons conclure : 1° Que la lésion résultant du délit ou du dol du mi-

(1) Dig., loi 18, liv. IV, tit. VI. — (2) Loi 37, pr. et § 1, de minor. — Loi 20, liv. IV, tit. VI. — Loi 17, § 3, liv. XXII, tit. I. — (3) Loi 17, pr. et § 1, loi 41, liv. IV, tit. VI. — Code, lois 1 et 2, liv. II, tit. LX. — (4) Cujas, tome V, page 167.

neur ne donne pas lieu à restitution (1) ; 2° qu'il en est de même de celle résultant d'un cas fortuit (2) ; 3° que la lésion, résultât-elle de l'acte lui-même, doit présenter une certaine gravité (3), parce que : *de minimis non curat prætor.*

§ 2. — *Absence de toute autre voie de droit ou d'une voie équivalente.*

La *restitutio in integrum* étant un remède extraordinaire, on ne doit l'obtenir qu'à défaut des voies de recours ordinaires, ce que dit formellement Ulpien : « *Si* » *communi auxilio et mero jure munitus sit, non debet ei* » *tribui extraordinarium auxilium* (4). » Cette condition (5) implique d'abord l'inutilité de la restitution contre tout acte nul d'après le droit civil lui-même, ce qui n'existe pas ne pouvant être rescindé. Ceci s'applique : 1° aux actes du pupille non autorisé ; 2° aux donations et autres actes faits par un tuteur ou curateur en dehors de ses pouvoirs ; 3° aux aliénations prohibées par le sénatus-consulte de Septime Sévère, qu'elles émanent du tuteur ou du curateur agissant seul, du pupille autorisé ou de l'adulte agissant avec ou sans le consentement de son curateur (6). — Cependant deux textes de Scævola (7) accordent la restitution contre des aliénations immobilières, bien qu'elles soient nulles en principe. Mais leur auteur vivait avant Septime Sévère, et c'est à tort qu'ils ont été insérés au Digeste ;

(1) Dig., loi 9, § 2, et loi 37, § 1, de minor. — (2) Loi 11, § 3 à 5, *id.* — (3) Loi 24, § 1, *id.* — Loi 4. liv. IV, tit. I. — (4) Loi 16, pr. de minor. — (5) A l'inverse de la lésion, elle s'applique aussi à l'*in integrum restitutio* des majeurs. — (6) Loi 49, de minor. — (7) Loi 39, § 1 et loi 47, § 1, *id.*

car, depuis Constantin, il n'est même pas possible de les appliquer à un *prædium urbanum.* — On peut citer bien d'autres cas où la restitution est inutile, par exemple, celui où un mineur se serait engagé dans une société léonine qui eût été nulle même entre majeurs (1).

Il n'y a pas non plus lieu à restitution quand le pupille ou le mineur trouve une pleine et efficace protection dans ses actions contre les tuteurs ou curateurs, contre leurs cautions ou contre les magistrats municipaux. La solvabilité des tuteurs ou curateurs s'oppose-t-elle alors nécessairement à l'*in integrum restitutio* contre les actes qu'ils ont faits ou auxquels ils ont participé? — La distinction suivante présentée par M. Accarias et puisée dans la nature même de l'institution prétorienne paraît fondée. La restitution ne sera pas admise si elle ne présente pour le mineur aucun avantage particulier : elle le sera au contraire quand elle donnera pleine satisfaction à ses intérêts. Deux exemples tirés du Code nous feront comprendre : Un tuteur touche un paiement au nom de son pupille et dissipe l'argent, la restitution aura alors pour résultat de faire payer le débiteur une seconde fois. Or, comme il importe peu au pupille de recevoir l'argent de son débiteur ou de son tuteur, il n'aura que l'action de tutelle. — Il s'agit d'une aliénation mal faite, alors le pupille peut préférer recouvrer son bien en nature plutôt que d'obtenir une indemnité de la part de son tuteur. On lui accordera dans ce cas la *restitutio in integrum,* car l'action de tutelle n'aboutirait qu'à une satisfaction pécuniaire (2).

Toutefois ces textes ne faisant pas expressément la distinction que nous indiquons, des auteurs en ont conclu que

---

(1) Loi 16, § 1, *id.* — (2) Code, lois, 3 et 5, liv. II, tit. XXV.

le mineur peut toujours, même en cas de solvabilité du tuteur ou du curateur, se faire restituer *in integrum* plutôt que de les poursuivre. Une telle doctrine qui n'a pour elle que deux textes plus ou moins explicites ne saurait être admise, car elle est trop contraire au but même que le préteur s'est proposé en venant au secours des mineurs de vingt-cinq ans. De plus, elle est en contradiction formelle avec le principe général posé par Ulpien et que nous avons déjà énoncé : « *Si communi auxilio et mero jure munitus* » *sit, non debet ei tribui extraordinarium auxilium.* » Comment supposer que les empereurs Dioclétien et Maximien qui devaient avoir ce texte sous les yeux en donnant leurs rescrits l'aient pour ainsi dire abrogé sans s'expliquer plus formellement : c'est inadmissible.

La *restitutio in integrum* est donc un recours subsidiaire, ce qui devait être, puisque, contrairement à l'équité et au crédit public, elle produit son effet contre des tiers de bonne foi et des actes valables. Cependant le mineur dont le consentement a été extorqué par violence ou surpris par dol peut opter entre la restitution ou l'action *quod metus causa* (1), et il ne lui est pas permis d'exercer l'action *de dolo* quand il peut se faire restituer (2). Ces dérogations à la règle générale établie par Ulpien se justifient par les conséquences très-graves de ces deux actions : l'action *quod metus causa* expose le défendeur à une condamnation au quadruple, l'action de dol à l'infamie.

---

(1) Dig., loi 21, § 6, liv. IV, tit. II. — (2) Loi 7, § 1, liv. IV, tit. I. — Loi 38, liv. IV, tit. III.

SECTION II. — CAUSES POUR LESQUELLES ELLE EST DONNÉE

Passons maintenant à l'étude des causes mêmes qui font accorder ou refuser la *restitutio in integrum*. — Les mineurs, avons-nous dit, sont restitués non-seulement contre les actes qu'ils ont faits (*gesta*), mais encore contre ceux qu'ils ont omis de faire (*prætermissa*). Examinons successivement ces deux hypothèses; nous verrons ensuite quand on peut dire qu'un mineur a été *captus* et nous indiquerons pour terminer les causes qui ne donnent pas lieu à restitution.

§ 1

I. — Parmi les actes du mineur, nous trouvons au premier rang ses contrats et ses quasi-contrats. — Tout mineur trompé dans un achat, une vente, un contrat de société, un prêt d'argent dont il n'a pas profité (c'est à son adversaire à faire cette preuve), doit être restitué *in integrum* (1). Ainsi quand on a vendu, conformément au sénatus-consulte de Septime Sévère, une chose appartenant à un pupille ou à un mineur de vingt-cinq ans, cette vente est certainement valable ; mais, si le préjudice éprouvé est trop grand, le pupille ou le mineur sera restitué *in integrum* (2). Si au contraire il s'agit d'une chose dont la vente est prohibée, par exemple, d'un *prædium rusticum*, le contrat est nul de plein droit et la restitution inutile. — De même, la restitution doit être accordée aux mineurs contre les piéges que

---

(1) Loi 7, § 1, de minor. — (2) Loi 49, *id.*

leur auront tendus leurs tuteurs ou curateurs et les *ventes fictives* qu'ils auront consenties (*commentitiæ venditiones*) (1). — Il y a encore lieu à restitution si une position parfaitement sûre avait été abandonnée pour une position incertaine et litigieuse (2), par suite d'une novation désavantageuse (3), d'une *acceptilatio* sans cause légitime (4). Non-seulement le mineur est restitué pour les contrats faits dans son propre intérêt, mais encore pour les dettes qu'il a contractées, les cautionnements, hypothèques ou gages qu'il a donnés pour autrui (5), les compromis qu'il a faits dans le même but devant le juge et avec l'autorisation de son tuteur (6). Un rescrit d'Alexandre Sévère, confirmant des décisions de Paul et d'Ulpien (7), accorde la restitution à une mineure qui, par suite de manœuvres frauduleuses, avait donné en dot tout son patrimoine. — Un mineur a dissipé l'argent qui a été versé entre ses mains à titre de paiement, il sera restitué *in integrum* (8); car le débiteur eût pu le contraindre à se faire nommer un curateur entre les mains de qui il aurait payé, ou à déposer la somme dans un lieu public à ce destiné. Il en est de même, dit Gaius, du prêt reçu et dissipé par le mineur (9); mais Paul observe avec raison que la restitution doit s'accorder plus difficilement au cas de paiement qu'au cas de prêt, celui-ci étant purement bénévole de la part du créancier, tandis que le débiteur peut être contraint d'acquitter sa dette (10).

Bien que rare en fait, la restitution n'en subsiste pas

---

(1) Code, loi 2, liv. II, tit. XXVIII. — (2) Dig., loi 6, de minor. — (3) Loi 27, § 3 et loi 40, *id.* — (4) Loi 27, § 2, *id.* — (5) Loi 7, § 3, *id.* — (6) Loi 34, § 1, *id.* — (7) Code, liv. II, tit. XXXIV. — Dig., loi 9, § 1 et loi 48, § 2, de minor. — (8) Loi 7, § 2, *id.* — (9) Loi 27, § 1, *id.* — (10) Loi 24, § 4, *id.*

moins en principe et peut au besoin faire revivre l'obligation du débiteur qui a payé le mineur, même en présence de son curateur, comme le déclare formellement une constitution des empereurs Dioclétien et Maximien (1). Un tel état de choses était trop contraire au crédit public pour subsister : aussi Justinien est-il venu au secours à la fois des débiteurs et des mineurs dans une constitution adressée aux avocats de Césarée et où il prescrit, pour avoir sécurité complète, de ne payer qu'après y avoir été autorisé par sentence judiciaire (2). M. de Savigny n'a voulu voir dans cette constitution qu'une formalité pouvant servir à rendre plus difficile la restitution, mais impuissante à l'écarter absolument. C'est là une interprétation repoussée avec raison par presque tous les auteurs, car elle est inadmissible en présence d'un texte aussi net où nous trouvons des phrases telles que celle-ci : « *Sequitur hujusmodi causam* » *plenissima securitas*, *ut nemo in posterum inquietetur.* » *Non enim debet, quod rite et secundum leges ab initio* » *factum est, ex alio eventu resuscitari.* »

La *restitutio in integrum* déroge aux règles du droit civil sur la répétition de l'indû. Le mineur qui a payé l'indû l'obtiendra sans aucun doute, dit Gaius, au moyen d'une action utile, alors que le droit civil ne l'accorderait pas (3). Quant au majeur de vingt-cinq ans, il ne l'obtiendra qu'en justifiant d'une cause légitime d'erreur. — Cette décision est confirmée par un rescrit de Dioclétien et Maximien qui disent qu'il est raisonnable d'accorder la répétition d'un legs payé indûment, bien que le mineur ait commis une erreur de droit (4). Par exemple, un mineur croyant qu'il

(1) Code, loi 1, liv. II, tit. XXXIII. — (2) Loi 25, liv. V, tit. XXXVII. — Inst., liv. II, tit. VIII, § 2. — (3) Dig., loi 25, pr. de minor. — (4) Code, loi 2, liv. II, tit. XXXIII.

devait acquitter intégralement les legs du défunt a payé au delà de ce que la loi Falcidie lui permettait de payer, il pourra répéter, bien que dans ce cas un majeur de vingt-cinq ans ne le puisse pas. Ulpien approuve l'avis de Pomponius accordant ici protection au mineur qui a répudié un legs imprudemment, ou à celui qui, débiteur d'une dette alternative, a donné la chose la plus précieuse, ou à celui qui, jouissant du droit d'option entre deux objets, a choisi le pire (1). Il applique aussi cette décision au cas où le mineur a fait une dation en paiement inconsidérée (2), et dit que l'on devra dans ce cas lui rendre le capital et les intérêts.

L'état des citoyens avait à Rome une trop grande importance pour pouvoir être en principe modifié par la *restitutio in integrum*, mais il y avait des exceptions. Ainsi Ulpien (3) cite le cas d'un jeune homme adrogé par un homme de mauvaise vie qui aurait voulu en l'adrogeant, non pas le rattacher à lui par des liens de famille, mais faire une bonne affaire en le dépouillant de son patrimoine : il nous dit que ce mineur devra être restitué contre les conséquences d'une pareille adrogation. Ceci prouve, dit Savigny, que toute *captis deminutio* n'échappe pas à la restitution, comme semble l'indiquer la loi 9, § 4, *de minor*, qui s'exprime en termes trop généraux quand elle dit : « *Res nec capit restitutionem cum statum mutat.* »

II. — Occupons-nous maintenant de la *restitutio in integrum* au point de vue des successions. Elle s'accorde ici de la façon la plus large, qu'il s'agisse d'une succession civile ou prétorienne, d'une adition ou d'une immixtion désavantageuse, d'une renonciation ou d'une abstention

(1) Dig., loi 7, § 7, de minor. — (2) Loi 40, § 1, *id.* — (3) Loi 3, § 6, *id.*

malencontreuse (1). Cette restitution ne sera pas seulement accordée au fils qui s'est immiscé dans la succession paternelle, mais encore à tout mineur héritier nécessaire : ainsi on la donnera à l'esclave institué héritier et affranchi qui s'est immiscé dans l'hérédité, afin qu'il puisse obtenir la *séparation de biens* (2). — Celui qui fait acte d'héritier à l'égard d'une hérédité qu'il avait déjà répudiée peut se faire restituer contre les conséquences de cet acte, afin de s'abstenir; mais il devra rendre le profit qu'il en a retiré (3). Ceci fut modifié par une constitution de Justinien (4) qui décida que le mineur restitué contre une adition d'hérédité qu'avait faite son père et l'ayant ainsi répudiée, ne pourra plus se faire restituer contre cette répudiation afin de faire une nouvelle adition, « *ne ludibrio leges ei fiant,* » dit l'empereur, *sæpius camdem et amplecti et respuere* » *hæreditatem cupienti.* » — Justinien alla encore plus loin dans la novelle 119, chap. 6, dont voici le resumé : Quand un mineur voudra se faire restituer contre une adition d'hérédité, on convoquera à son domicile tous les créanciers, s'ils sont présents; sinon, ils y seront cités par le juge et on attendra trois mois. Faute par eux de se présenter dans ce délai, le mineur obtiendra la restitution et le juge désignera un endroit où seront déposés les objets composant l'hérédité. — Par la restitution, le préteur met aussi en rapports avec la succession le mineur qui avait eu tort d'y rester étranger : il le relève du préjudice que lui cause l'inaccomplissement de la condition sous laquelle il était institué (5).

---

(1) Loi 7, § 5, *id.* — (2) Code, loi 1, liv. II, tit. XXXIX, — (3) Dig., loi 7, § 5 et 9, de minor. — (4) Code, loi 8, § 6, liv. VI, tit. LX. — (5) Dig., loi 6, liv. IV. tit. I. — Lois 22, 29, § 2, 30, 31 et 3, § 8, de minor.

III. — Les actes judiciaires ne sont pas non plus à l'abri de la restitution : « *Sed et in judiciis subvenitur : sive dum* » *agit, sive dum convenitur, captus sit*, dit Ulpien (1). » Ainsi que le mineur ait été demandeur ou défendeur, qu'il ait laissé passer les délais d'appel ou périmer l'instance, qu'il ait fait défaut, que par sa dénégation il ait encouru une peine double ou quadruple de celle qu'un aveu ou une transaction lui eût évitée (2); dans tous ces cas, il n'a qu'à s'adresser au magistrat pour obtenir la restitution. Ces décisions du Digeste sont confirmées par des rescrits impériaux insérés au Code (3) qui accordent la restitution dans des hypothèses analogues. Elle est même admise contre la sentence du magistrat qui a refusé à un mineur la *restitutio in integrum* qu'il sollicitait, pourvu qu'il présente de nouveaux moyens de défense. Elle est admise non-seulement, quel que soit le motif de la sentence, mais encore quel que soit le magistrat qui l'ait rendue. Ainsi le préfet du Prétoire peut restituer *in integrum* contre sa décision, bien qu'elle ne soit pas susceptible d'appel (4). — Il n'y a pas là de contradiction, dit Hermogénien; car l'appel est une plainte contre un jugement que l'on croit inique, tandis que la demande d'une restitution ne se fonde que sur une erreur de la part du plaignant ou un dol de l'adversaire. — Les exemples de restitutions accordées contre les jugements rendus par le prince sont très-rares; il faut pour cela que le mineur prétende que les motifs mis en avant pour sa défense sont faux, alors la restitution pourra être accordée même contre une sentence confirmée en appel (5).

---

(1) Loi 7, § 4, de minor. — (2) Loi 7, §§ 11 et 12, lois 8 et 9, § 2, *id*, — (3) Code, lois 2 et 4, liv. II, tit. XXVII. — (4) Dig., loi 17, de minor. — (5) Loi 18, §§ 1 et 2, *id*.

Le mineur seul a qualité pour demander ici la restitution, puisqu'elle est établie dans son intérêt exclusif; il est donc libre de ne pas en user, parce que, comme dit Julien, « *unicuique licet contemnere hæc quæ pro se introducta* » *sunt* (1).

IV. — Nous avons vu que le mineur était restitué non-seulement contre les actes qu'il avait faits seul, mais encore contre ceux qu'il avait faits avec l'autorisation de son tuteur; nous avons cité plusieurs exemples à l'appui, on pourrait en donner d'autres (2). Il y a plus; le mineur lésé par les actes que son tuteur a faits lui-même peut encore être restitué, sans distinguer s'il y a ou non de la part de celui-ci intention frauduleuse (3). Il peut dans ce cas agir d'abord contre son tuteur ou son curateur, qui de ce chef se trouve obligé envers lui (4), ce qui ne l'empêche pas de demander ensuite la *restitutio in integrum*. Ainsi un mineur plaide à la fois contre son tuteur et son curateur et celui-ci est seul condamné, il pourra néanmoins demander la restitution contre son tuteur (5). Même dans le cas où le mineur peut agir contre son curateur, si celui contre qui il demande la restitution doit en éprouver un grand préjudice, Scævola dit qu'on ne la lui accordera pas, à moins qu'il ne consente à l'indemniser par avance (6).

Le mineur n'est pas seulement restituable contre ce qu'il a fait en son propre nom, mais encore contre ce qu'il a fait au nom d'un majeur comme *negotiorum gestor*, celui-

---

(1) Loi 41, *id.* — (2) Loi 29, pr. *id.* — Code, loi 2, liv. II, tit. XXV, — (3) Code, lois 2 et 5, liv. II, tit. XXV, — Dig., loi 17, pr. de minor. — (4) Loi 45, *id.* — (5) Loi 25, liv. XXVI, tit. VII. — (6) Loi 39, § 1, de minor.

ci ne devant nullement souffrir d'une gestion dont il ne l'avait pas chargé (1). Mais, s'il avait agi comme mandataire, il ne serait pas restituable, à moins qu'il n'eût été lésé par là-même; autrement, la restitution profiterait au mandant majeur (2). A l'inverse, si le maître dont l'affaire a été gérée est seul mineur, il n'obtiendra la restitution que s'il a donné un mandat et que son mandataire n'ait pu conserver la chose. Il est évident que celui qui s'est spontanément offert pour défendre un mineur en justice et a été condamné, peut être poursuivi par l'*actio judicati*; quant à son client, sa minorité ne pourra le faire restituer, cette *actio judicati* n'étant pas dirigée contre lui. Il ressort de là que le mineur qui n'a pas fourni pour son défenseur la caution *judicatum solvi* et pour qui celui-ci a été condamné, ne peut obtenir de restitution contre la sentence judiciaire (3). — Le mineur qui n'est pas restituable contre les actes de son *procurator*, à moins d'un mandat exprès de sa part, l'est au contraire toujours contre les actes de son tuteur ou de son curateur, puisqu'il est tenu par là même d'une action utile (4). Bien plus, il est parfois restituable contre les paiements faits entre leurs mains (5), comme nous l'avons vu en parlant de la réforme de Justinien.

Quand nous parlons de restitution pour les mineurs contre les actes de leurs tuteurs et curateurs, il faut remarquer qu'il ne s'agit ici que de ceux qui ont le pouvoir d'administrer, c'est-à-dire qui ont donné caution. Autrement, la restitution serait inutile, les actes qu'ils feraient étant nuls de plein droit.

---

(1) Loi 24, pr. *id.* — (2) Loi 23, *id.* — (3) Loi 46, *id.* — (4) Code, loi 5, liv. II, tit. XXVII. — (5) Loi I, liv. II, tit. XXXIII.

§ 2

Nous arrivons aux cas où le mineur est restitué contre les actes qu'il a omis de faire et par suite de quoi il s'est trouvé lésé. — Le Code consacre ici formellement le principe : « *Minoribus in his quæ vel prætermiserunt vel » ignoraverunt, innumeris auctoritatibus constat esse con- » sultum* (1). » Nous avons de nombreux exemples à l'appui. Un mineur a-t-il vu adjuger à un autre une chose qui se vendait aux enchères, il obtiendra la *restitutio in integrum*, s'il est prouvé qu'il y avait intérêt, par exemple, parce que cette chose avait appartenu à ses ancêtres (2). Il en serait de même s'il avait omis de se faire envoyer en possession des biens de son père (3); seulement ses frères viendront ici recueillir leur part.

Le mineur est restituable contre l'usucapion accomplie à son préjudice; Labéon dit qu'il faudrait même restituer l'enfant conçu contre lequel on aurait usucapé avant sa naissance (4). — Les empereurs Dioclétien et Maximilien accordent formellement au mineur la *restitutio in integrum* contre une usucapion qui l'aurait dépouillé (5). Cujas admet cette décision pour le cas où l'usucapion aurait commencé contre le mineur lui-même; mais il la repousse pour le cas où elle aurait commencé contre un majeur dont le mineur serait devenu l'héritier pendant que l'usucapion continuait à courir contre lui, le fait seul de la mort du

---

(1) Loi 8, liv. II, tit. XXII. — (2) Dig., loi 35, de minor. — (3) Code, loi 2, liv. II, tit. XL. — (4) Dig., loi 45, de minor. — (5) Code, liv. II, tit. XXXVI.

majeur ne pouvant, suivant lui, changer l'état du droit. Cette distinction, il est vrai, est assez ingénieuse; mais rien dans le rescrit des Empereurs ne peut la faire supposer et elle ne me paraît pas conforme au but même de l'institution prétorienne.

Un mineur peut être restitué contre une péremption d'instance (1); la sentence est dite *ex eremodicio*, lorsqu'elle est rendue en l'absence du demandeur régulièrement cité, et elle n'est plus alors susceptible d'appel. Nous déciderons de même au cas où le mineur a été condamné par contumace et pour avoir omis d'articuler certains faits (2). — Une mineure dont le père avait acheté avant sa mort un fonds de terre en faisant insérer dans le contrat une *lex commissoria* demandait la restitution, parce que, disait-elle, ses tuteurs n'ayant pas obéi à cette *lex commissaria*, le propriétaire non payé avait revendu à un tiers. Le préteur et le préfet de la ville refusèrent, le contrat de vente ayant été passé par son père et non par elle. Paul approuve cette décision, mais blâme l'Empereur qui, touché du sort de cette mineure, l'avait affranchie de la *lex commissoria* et restituée *in integrum* (3) : il critique longuement le rescrit impérial.

§ 3

Demandons-nous maintenant quand l'on peut dire qu'un mineur a été *captus* et a par conséquent droit à la restitution. — Ulpien nous l'indique sous forme d'énumération.

---

(1) Dig., loi 7, § 12, de minor. — (2) Lois 8 et 36, *id.* — (3) Loi 38, pr. *id.*

« *Si ab aliis circumventi (minores), vel sua facilitate de-» cepti, aut quod habuerunt amiserunt, aut quod adquirere » emolumentum potuerunt, omiserint : aut se oneri, » quod non uscipere licuit, obligaverunt* (1). » Ainsi donc, comme nous l'avons déjà vu, un mineur de vingt-cinq ans est *captus*, non-seulement à raison du dommage direct qu'il a éprouvé, mais encore par le fait seul d'avoir manqué de s'enrichir (2). Paul rapporte l'opinion de Scævola, qui fait à cet égard une distinction en prenant le cas d'un mineur qui a répudié une succession : « Si, dit-il, les » choses sont encore dans leur entier, nul doute qu'il » ne doive être restitué contre sa répudiation; mais, si les » biens sont déjà vendus et toutes les affaires de la » succession terminées, on lui refusera toute restitution, » parce qu'il serait inique de lui permettre de recueil- » lir, sans s'être donné aucune peine, le travail d'un » autre (3). » Une constitution de Justinien est venue modifier l'ancien droit pour le cas où les choses sont encore dans leur entier : « S'il s'agit, dit l'Empereur, » d'un majeur de vingt-cinq ans qui ne soit plus dans » les délais pour obtenir la restitution, on lui accordera » trois ans. S'il s'agit d'un mineur ou d'un majeur » qui soit encore dans les délais, alors, après le délai » de quatre années continues ou d'une année utile, on » lui accordera trois ans pendant lesquels, les choses » restant dans le même état, il pourra faire adition d'hé- » rédité et revenir sur sa répudiation. Ce nouveau délai » expiré, il n'a plus aucun moyen de revenir sur ce » qui a été fait, à moins que les objets héréditaires

(1) Loi 44, *id.* — (2) Loi 7, §§ 6 et 7, *id.* — Code, loi 1, liv. II, tit. XL. — (3) Dig., loi 24, § 2, de minor.

» n'aient été vendus pendant sa minorité même, auquel » cas il a droit à la *restitutio in integrum,* pour recouvrer ses biens et désintéresser les créanciers de son » père (1). »

Le mineur est dit *captus* même par cela seul qu'il se soumet à quelques charges, lorsque, par exemple, il est engagé dans un procès et fait l'avance des frais (2). Il est restitué non-seulement lorsque son co-contractant est coupable de dol, mais encore lorsque, sans dol de sa part, il a été lésé par suite de sa propre faiblesse et de son inexpérience, sauf les cas fortuits (3). Le mineur ne peut se prétendre lésé quand il a agi comme eût agi un bon père de famille, par exemple, lorsque, avant son mariage, il a fait à sa fiancée une donation minime en présence du curateur (4), En effet, comme dit l'empereur Zénon : « *Non videtur circumscriptus esse minor » qui jure sit usus communi* (5), » ce qu'aurait déjà exprimé Ulpien par ces mots : « *Non capitur qui jus » publicum sequitur.* » — Il est évident qu'un mineur ne peut être lésé par un acte qui serait nul de plein droit et contre lequel le droit commun le protégerait suffisamment; car, s'il a une action, la *restitutio in integrum* ne lui sera point accordée. (6).

Non-seulement le mineur, mais aussi le majeur de vingt-cinq ans, lorsque, par suite de machinations frauduleuses, ils ont fait un contrat de société, ont droit d'être protégés, nous dit Ulpien, rapportant, à ce sujet,

---

(1) Code, loi 6, liv. vi, tit. xxxi. — (2) Dig., loi 6, de minor. — (3) Loi 11, §§ 4 et 5, loi 24, § 1, *id.* — Code, loi 5, pr. et § 1, liv. ii, tit. xxii. — (4) Code, loi 1, liv. ii, tit. xxx, — (5) Loi 9, liv. ii, tit. xxii. (6) Loi 3, liv. ii, tit. xxii. — Dig., loi 16, pr. de minor.

un avis de Labéon (1); car un contrat de bonne foi, tel que la société, est nul de plein droit, lorsqu'il est entaché de dol. Il en serait de même d'une société faite *donationis causa*, car une pareille clause serait contraire à la nature de cette convention. — Si les *prædia rustica* d'un mineur ont été aliénés sans décret du prince, une pareille aliénation est nulle de plein droit, et ici encore le mineur qui l'a consentie n'a pas besoin du secours de la *restitutio in integrum*. Dioclétien et Maximilien nous donnent une décision analogue à propos d'une donation faite par un père à sa fille et à son fils émancipés, ils déclarent nulle de plein droit l'aliénation faite par le père de l'objet qu'il avait ainsi donné, ce qui rendait inutile toute restitution (2).

La restitution n'ayant pas lieu là où le mineur est protégé par le droit commun, elle ne doit évidemment pas se donner au mineur qui a négligé d'interrompre une prescription qui ne peut courir contre lui (3). Par la même raison, elle est inutile pour le mineur qui a négligé de faire sommation à son débiteur afin de le mettre en demeure; car, à son égard, la demeure résulte du seul fait du retard dans le paiement, comme dans les contrats de bonne foi (4), et son débiteur lui doit de plein droit les intérêts. — Le mineur n'a pas davantage besoin d'être restitué contre la négligence qu'il aura commise en ne vengeant pas la mort de son père, cette omission ne pouvant lui préjudicier (5).

Dans le cas où le mineur n'est pas protégé par le

---

(1) Dig., loi 16, § 1 *id.* — (2) Code, loi 2, liv. II, tit. XXX. — (3) Lois 2 et 5, liv. II, tit. XLI. — (4) Loi 3 liv. II, tit. XLI. — (5) Loi 1, *id.*

droit commun, la restitution lui sera accordée, bien qu'il puisse se servir d'une autre action pour recouvrer ce qu'il a perdu, par exemple, d'une *condictio sine causa*. — Voici un exemple à l'appui : « Un héritier avait été » chargé par le défunt de remettre à sa nièce mineure » plusieurs objets, à la condition qu'elle les lui ren- » drait si elle mourait sans enfants : cet héritier étant » mort, la nièce avait donné caution à son héritier pour » garantir qu'elle rendrait les objets. Ariston, dit Ulpien, » pense que cette femme devra être restituée *in integrum;* » mais Pomponius, citant cette hypothèse, ajoute que la » caution peut être poursuivie par une *condictio incerti*, » même par un majeur. Le mineur, en effet, n'est pas » protégé par le droit commun, mais par la *condic-* » *tio* (1). » Il y avait de la part de cette femme une erreur qui consistait à croire que le fidéicommis dont elle était grevée envers l'héritier de son oncle pouvait passer à l'héritier de cet héritier, tandis qu'il se trouvait au contraire éteint par sa mort arrivée *pendente conditione*, ce qui la rendait propriétaire irrévocable.

§ 4

Après avoir vu les cas dans lesquels il pouvait y avoir lieu à une *restitutio in integrum*, étudions ceux dans lesquels on ne l'accorde pas.

Occupons-nous d'abord des cas où le mineur aurait commis un délit ; alors il n'a pas droit à la restitution : « *Placet in delictis minoribus non subveniri, nec hic itaque subve-*

(1) Dig., loi 16, § 2, de minor

nietur (1), » dit Ulpien. Le Code n'est pas moins explicite : « *In criminibus quidem ætatis suffragio minores non ju-* » *vantur, etenim malorum mores infirmitas animi non* » *excusat* (2). » Ainsi Ulpien refuse la restitution à celui qui aurait encouru le divorce par suite d'un délit considérable (*delictum non modicum*) ; « *nam*, ajoute-t-il, *si adul-* » *terium minor commisit, ei non subvenietur* (3). » Tryphoninus la refuse aussi au mari qui aurait laissé passer le délai de soixante jours, pendant lequel il pouvait accuser sa femme d'adultère, sans s'exposer à la peine des calomniateurs, car il ne voit là pour lui que l'occasion de commettre impunément un délit (4).

Si le mineur n'est pas restituable contre son délit lui-même, il peut cependant l'être contre des actes postérieurs qui feraient accroître la peine ou même contre ses omissions postérieures qui, si elles n'eussent pas eu lieu, auraient pu faire adoucir la peine (5). Ainsi Ulpien accorde la restitution au mineur qui a omis de déclarer des marchandises sujettes aux droits de douane, pourvu qu'il n'y ait pas eu dol de sa part (6). — La restitution n'est pas non plus accordée au mineur qui a trompé quelqu'un en contractant, lorsque, par exemple, il s'est faussement fait passer pour majeur (7). Mais si celui-ci contre qui le mineur réclame la restitution après l'avoir trompé était lui-même de mauvaise foi, c'est-à-dire savait qu'il avait affaire à un mineur, nul doute qu'alors elle ne doive être accordée (8). Il en serait de même si un mineur s'était de

---

(1) Loi 9, § 2, *id.* — (2) Code, loi 1, liv. II, tit. XXXV. — (3) Dig., loi 9, § 3, de minor. — (4) Loi 37, § 1, *id.* — (5) Loi 9, § 2, *id.* — (6) Loi 9, § 5, *id.* — (7) Code, loi 2, liv. II, tit. XLIII. — (8) Loi 7, liv. II, tit. XXII. — Dig., loi 32, de minor.

bonne foi cru majeur, parce que ses parents avaient donné sur leurs tablettes une fausse date à sa naissance (1). — Dans les procès qui ont une grande importance et où la question d'âge est en jeu, le juge ne doit donc pas facilement croire le mineur qui se prétend majeur; aussi ne procédera-t-il dans ce cas que *cognita causa* (2).

Lorsqu'un majeur de vingt ans, mineur de vingt-cinq ans, s'est laissé vendre pour partager le prix d'achat avec son vendeur, il est indigne de toute restitution; il subira alors irrévocablement la peine du sénatus-consulte Claudien, parce que, dit Papinien, il y a là un changement du *status* qui ne comporte pas la restitution (3). — La règle que la liberté une fois donnée ne se reprend plus, règle qui avait motivé une des dispositions de la loi Ælia Sentia, devait aussi apporter des entraves à l'obtention du bénéfice prétorien : « *Adversus libertatem quoque minori a prætore* » *subveniri impossibile est* (4). » C'est ce qui a lieu quand un mineur de vingt-cinq ans, majeur de vingt ans, a acheté un esclave à condition de l'affranchir et l'a effectivement affranchi : l'esclave est alors définitivement libre. — De même, si un mineur a obtenu d'être restitué contre l'adition qu'il aurait faite en vertu d'un testament qui affranchissait des esclaves héréditaires, les affranchissements seront maintenus (5). — Toutefois Paul dit que le principe posé par Ulpien souffre exception, « *si ex magna causa hoc* » *a principe fuerit consecutus* (6), » ce qui a lieu, par exemple, lorsqu'un esclave étant parvenu par des manœuvres frauduleuses à se faire affranchir par un maître mi-

(1) Code, lois 1 et 4, liv. II, tit. XLIII. — (2) Loi 3, liv. II, tit. XLIII. — Dig., loi 43, de minor. — (3) Loi 9, § 4, *id*. — (4) Loi 9, § 6, *id*. — (5) Loi 7, § 10, *id*. — (6) Loi 10, *id*.

neur à qui il était nécessaire, celui-ci a par suite de cela éprouvé un préjudice considérable. La restitution étant, en général, impossible, on cherchait à atténuer le préjudice qui pouvait en résulter pour le mineur en lui ouvrant la ressource d'une action de dol ou d'une action utile, afin de recouvrer le prix de la valeur de l'esclave (1). Quand on dit que la *restitutio in integrum* est impossible contre les affranchissements, il faut supposer que la manumission a déjà eu lieu ; car, si elle n'a pas encore eu lieu, le mineur peut très-bien se faire restituer contre l'obligation où il est d'affranchir (2). Lorsqu'il s'agit de la liberté, comme il n'y a de restitution possible pour personne, il faut de toute nécessité recourir à l'appel ; il en est de même lorsqu'il s'agit d'une sentence relative à la *causa liberalis* (3).

Voici, à titre d'exemples, d'autres cas dans lesquels il n'y a pas lieu à *restitutio in integrum*. Si le mineur n'est pas restituable contre ses délits, il ne l'est pas davantage contre la négligence qu'il a mise à tirer vengeance d'un délit (4). Il n'est pas non plus restitué contre l'oubli qu'il a commis en ne retirant pas le gage que son auteur avait constitué et que le créancier a vendu, à moins toutefois qu'il n'ait, par suite de cette omission, éprouvé un préjudice considérable (5). Mais si le créancier qui a vendu s'est entendu avec l'acheteur pour que le gage soit vendu à un prix moindre que sa valeur, le mineur obtiendra certainement la restitution, même quand ce serait le fisc qui l'aurait vendu (6). Enfin, il n'y a pas de restitution possible dans

---

(1) Loi 11, pr. et loi 48, § 1, *id.* — Code, lois 2 et 3, liv. II, tit. XXXI. — (2) Dig., loi 33 et loi 11, § 1, de minor. — Code, loi 1, liv. II, tit. XXXI. — (3) Loi 1, liv. II, tit. XXXI. — (4) Dig., loi 37, p.. de minor. — (5) Code, lois 1 et 2, liv. II, tit. XXIX. — (6) Loi 3, liv. II, tit. XXXVII.

les cas où le mineur a prêté serment d'une manière sensible (*corporaliter*), par exemple, la main sur l'autel ou sur l'Évangile (1), pourvu que la légèreté de son âge soit la seule cause de la lésion qu'il a éprouvée. En effet, s'il avait été trompé par son contractant, il pourrait opposer l'exception de dol.

CHAPITRE III

Procédure et effets de la restitution.

Section I. — Procédure

La *restitutio in integrum* eut, dès le début, pour caractère spécial, de ne pas être soumise à la marche de la procédure ordinaire. L'instruction se faisait *extra ordinem*, c'est-à-dire que le magistrat seul devait en connaître ; aussi celui qui l'invoquait devait-il demander une *cognitio*, c'est-à-dire une instance engagée devant le préteur. De même le défendeur ne demandait pas la restitution par voie d'exception, mais il réclamait le refus immédiat de l'action (2).

A l'origine, les seuls magistrats investis de la juridiction en matière de restitution étaient, pour Rome et l'Italie, le préteur; pour chaque province, le lieutenant de la province. Les magistrats municipaux n'avaient jamais le droit

---

(1) Loi 1, liv. II, tit. XXVIII. — (2) Dig., loi 27, § 1, de minor.

de la prononcer (1). Quand une demande en restitution se présentait incidemment à un procès, le *judex* nommé par le préteur ne devait pas en connaître; elle était renvoyée devant le préteur. D'après le même principe, la restitution continua d'être sous les Empereurs une attribution des hautes magistratures. Elle était accordée par les préteurs, les préfets de la ville et du prétoire, les lieutenants des provinces et l'Empereur lui-même (2). Mais Justinien, tranchant une controverse (3), décida que tous ces fonctionnaires pourraient charger des juges-commissaires d'instruire les demandes en restitution et de prononcer sur leur sort, de même que les commissaires par eux nommés pour l'instruction de tout autre procès pourraient connaître d'une demande incidente en restitution.

Tout fonctionnaire peut accorder la restitution contre les jugements rendus par un fonctionnaire son égal; mais il ne peut l'accorder contre les sentences d'un de ses supérieurs, ni contre les siennes propres, ni contre celles de ses prédécesseurs. Pour obtenir la restitution contre une décision de l'Empereur ou d'un de ses délégués immédiats, il fallait donc se pourvoir devant l'Empereur lui-même. — Quant à la compétence du juge, on suit les règles établies pour les actions ordinaires : toute demande incidente en restitution est soumise à la décision du juge qui connaît de la demande principale.

Celui qui a droit à la restitution peut la demander en personne ou par un mandataire muni d'une procuration spéciale (4). La demande en restitution, comme toute autre,

---

(1) Loi 26, § 1, *ad municipalem*. — (2) Lois 16, § 5 et 17, de minor. — (3) Code, loi 3, liv. II, tit. XLVII. — (4) Loi 1, liv. II, tit. XLIX. — Dig., lois 25, § 1 et 26, de minor.

n'est valable que si l'adversaire a été régulièrement assigné et comparait ou fait défaut ; s'il ne comparait pas, il peut se faire représenter par un procureur qui doit fournir caution.

Le but même de la restitution peut être atteint de deux façons différentes : par la *cognitio pretoria*, ce que des auteurs appellent arbitrairement *judicium rescindens*, auquel cas tout est terminé par le seul décret du préteur : par le *judicium rescissorium*, qui a lieu quand la restitution prononcée n'a pas levé tous les obstacles, mais a simplement fait recouvrer un droit dont l'exercice permettra le rétablissement d'un état antérieur (1).

SECTION II. — EFFETS DE LA RESTITUTION

L'effet de la *restitutio in integrum* doit être d'anéantir le passé, d'annuler entièrement le contrat pour toutes les parties et de rétablir l'état de choses primitif. A cet égard, les textes sont on ne peut plus précis : « *Restitutio ita facienda* » *est*, dit Paul, *ut unusquisque in integrum jus suum reci-* » *piat* (2). — *Qui restituitur in integrum*, dit l'empereur » Antonin, *sicut in damno morari non debet, ita nec in* » *lucro ; et ideo quidquid ad eum pervenit, vel ex emptione,* » *vel ex venditione, vel ex alio contractu, hoc debet resti-* » *tuere* (3). » En un mot, le privilége de la restitution est accordé aux mineurs pour leur faire éviter des pertes, non pour leur permettre de s'enrichir aux dépens d'autrui.

---

(1) Loi 13, § 1, de minor. — (2) Loi 24, § 4, *id.* — (3) Code, loi 1, pr. liv. II, tit. XLVIII.

§ 1

Pour bien mettre dans tout son jour le principe que nous venons d'énoncer, montrons-en quelques applications prises dans le titre *De minoribus* XXV *annis*.

Un mineur vend un fonds au-dessous de sa valeur, l'acheteur devra le lui restituer avec les fruits produits dans l'intervalle; de son côté, il devra rendre à l'acheteur le prix et les intérêts, au moins jusqu'à concurrence de ce dont il s'est enrichi (1). Mais, dira-t-on, le mineur ne peut aliéner ce fonds. Il faut distinguer. S'agit-il d'un fonds urbain? Le droit des Pandectes n'en défend pas l'aliénation. S'agit-il d'un fonds rural? Un décret du préteur en permet la vente, parce qu'il y a là une dette que le mineur doit acquitter. — Si le prix est dissipé et que l'acheteur en payant ait bien su ce qu'il faisait, rien ne lui est dû Paul a soin de faire remarquer que ce résultat doit être admis plus difficilement dans le cas de vente que dans celui de prêt; car il faut y regarder de près avant de faire tomber la perte sur l'acheteur qui a été obligé de payer son prix, tandis que l'on n'est jamais forcé de prêter (2). Toutefois, Modestin nous dit que, malgré la *restitutio in integrum*, le mineur sera tenu de rendre le prix, si le préteur l'ordonne (3).

Si maintenant la vente a été consentie par le tuteur ou le curateur du mineur, celui-ci ne sera tenu de restituer le prix que dans la limite du profit qu'il en a retiré : le tuteur

---

(1) Dig., loi 27, § 1, de minor. — (2) Loi 24, § 4. *id.* — (3) Loi 32, § 4, liv. XXVI, tit. VII.

ou le curateur sera tenu du surplus. C'est ce que décide Scævola dans l'espèce suivante. Un curateur a vendu un fonds qui était indivis entre lui et deux mineurs dont il administrait le patrimoine, puis il est mort. A la question de savoir par qui l'acheteur devait se faire payer, le jurisconsulte répond que les héritiers du curateur sont seuls tenus; que, quant aux mineurs, ils ne doivent être poursuivis pour leur part que si l'argent qu'ils ont reçu leur a profité (1). Que le mineur ait vendu seul ou avec l'autorisation de son tuteur ou curateur, une fois qu'il a obtenu la restitution, il doit rembourser à l'acheteur les dépenses nécessaires et même les dépenses utiles qu'il a faites dans l'intérêt de la chose; mais il ne doit jamais les dépenses voluptuaires, l'acheteur n'ayant que le droit d'enlever les embellissements par lui faits, à la condition de ne rien détériorer (2).

Un mineur emprunte de l'argent et le dissipe, Gaïus refuse à son créancier toute action contre lui. Si, à son tour, le mineur a prêté cet argent à un insolvable, il sera quitte envers son créancier en lui cédant ses actions contre son débiteur (3). Si, avec cet argent emprunté, il a acheté un fonds et l'a payé plus qu'il ne valait, le vendeur devra lui rendre tout le prix qu'il a reçu, afin que l'emprunteur ne souffre aucun préjudice. S'il l'a acheté avec son propre argent, le vendeur devra en outre lui rendre les intérêts du prix qu'il a perçu ou pu percevoir; le mineur de son côté lui devra tous les fruits dont il s'est enrichi.

La restitution, avons-nous dit, doit avoir pour résultat de rendre à chacun le sien, au vendeur comme à l'acheteur. Qu'arrivera-t-il donc dans le cas où un majeur de vingt ans,

(1) Loi 47, § 1, de minor. — (2) Loi 32, § 5. liv. XXVI, tit. VII. — (3) Loi 27, § 1, de minor.

mineur de vingt-cinq ans, a vendu un esclave à la condition qu'on l'affranchira (1)? La constitution de Marc-Aurèle dit que l'esclave qui n'a pas été affranchi au mépris des clauses de la vente sera libre de plein droit, mais elle ne s'occupe pas des ventes d'esclaves faites par un mineur de vingt ans avec clause d'affranchissement. En effet, la loi Ælia Sentia lui défendant d'affranchir ses esclaves sans approbation du conseil, il ne peut les vendre à cette condition : ce serait éluder la loi. Pour le majeur de vingt ans, s'il demande à être restitué contre la vente qu'il a faite, on l'écoutera, pourvu toutefois que la liberté ne soit pas encore donnée à l'esclave. Si, au lieu de vendre, un mineur achète un esclave à la condition de l'affranchir, il sera restitué *in integrum*, si le terme fixé pour l'affranchissement n'est pas encore échu.

Le mineur de vingt-cinq ans peut aussi être restitué contre une dation en paiement désavantageuse; mais le prêteur devra compenser les intérêts de la somme avec la quantité de fruits perçus (2). Le mineur qui, par l'effet de la restitution, est dispensé de payer un capital qu'il devait, ne peut par cela même répéter les intérêts qu'il a payés jusqu'à ce jour; il n'a pas non plus le droit de les imputer sur une autre dette (3).

Par suite de la restitution qu'il obtient contre une *acceptilatio* faite sans cause, le mineur recouvre son action contre son débiteur avec tous les gages et les cautions qui la garantissaient (4). De même, la novation désavantageuse sera mise à néant, et le premier débiteur tenu comme s'il n'avait

---

(1) Loi 11, § 1, *id.* — (2) Loi 40, § 1, *id.* — Loi 98, § 2. liv. XLVI, tit. III. — (3) Loi 67, § 4, liv. XII, tit. VI. — (4) Loi 27, § 2, de minor.

jamais été libéré (1). Si celui pour qui le mineur s'était obligé par une novation n'était tenu que d'une action temporaire, la restitution obtenue par lui n'aura d'effet contre le premier débiteur que pour le temps qui lui restait à courir à l'époque de la novation (2).

La restitution obtenue par le mineur contre une transaction a pour résultat de rétablir, tant au profit du mineur que de ses adversaires, les actions et exceptions dont chacun aurait pu se prévaloir avant la transaction. C'est ce qui résulte formellement d'un rescrit des empereurs Dioclétien et Maximien où il est dit que, si le mineur excipe de la transaction, il devra être repoussé par une réplique probablement ainsi conçue : « *Si non adversus hanc transactionem minor restitutionem impetraverit* (3). »

Si un mineur est restitué contre une adition d'hérédité, il est tenu de rendre ce qu'il en a recueilli à ceux à qui elle appartient; de leur côté, ces derniers lui tiendront compte sans indemnité des legs acquittés et des esclaves affranchis par suite de son adition (4). Ce mineur, ainsi restitué contre son adition, peut bien ne pas être poursuivi au moyen des actions héréditaires; mais il n'en est pas moins vrai qu'en fait il a été héritier. « Une femme mineure, » dit Papinien, s'était fait restituer contre une adition d'hé- » rédité. Consulté sur la question de savoir si les esclaves » affranchis par elle auparavant en vertu d'un fidéicom- » mis devaient conserver leur liberté, j'ai répondu qu'on ne » pouvait les forcer à payer vingt sous d'or (c'était le prix » ordinaire d'un esclave) pour conserver une liberté qu'ils

---

(1) Loi 27, § 3, *id.* — Code, loi 1, § 1, liv. II, tit. XLVIII. — (2) Dig., loi 50, de minor. — (3) Code, loi 2, liv. II, tit. XXXII. — (4) Dig., loi 22, de minor.

» ne paraissaient pas avoir très-légitimement acquise (1). » Il est vrai que la liberté donnée par testament tombe s'il ne se trouve pas d'héritier acceptant; mais la restitution n'empêche pas le mineur de rester en droit héritier. « En effet, » ajoute le même jurisconsulte prenant un autre exemple, » si une héritière mineure a payé avant sa restitution certains créanciers héréditaires, ce paiement sera valable et » les autres ne pourront rien réclamer. »

Si maintenant un mineur est restitué contre une répudiation, il ne deviendra pas héritier par le fait seul de la restitution, si un autre a déjà fait adition, la règle : *semel hæres, semper hæres* s'y opposant. Il sera seulement traité comme s'il était héritier et exercera, en vertu de la même fiction, des actions utiles qui lui procureront tout l'émolument de la succession. « Un mineur a été institué héritier, » dit Papinien, et un esclave lui a été substitué comme » héritier nécessaire; puis, ce mineur ayant répudié l'hérédité, l'esclave est devenu héritier et libre par conséquent. S'il se fait restituer contre cette répudiation, l'esclave n'en demeurera pas moins libre. Mais si, ayant » d'abord fait adition, il s'est plus tard abstenu, l'esclave » qui lui a été substitué ne peut ni rester héritier ni être » libre. Je ne crois pas cette solution bonne, dit Ulpien » citant ce texte; car, si la succession est insolvable, l'empereur Antonin déclare, dans un cas où il s'agit, à la » vérité, d'un pupille qui n'est pas un héritier, que, l'héritier s'abstenant, il y a lieu d'appeler l'héritier nécessaire » substitué. »

La chose cependant pouvait faire doute. Lorsqu'en effet un héritier sien a été institué et que son esclave lui a été

(1) Loi 31, *id.*

substitué, cette substitution est évidemment faite sous cette condition : *Si pupillus hæres cum effectu non erit.* Mais, quand il s'agit d'un pupille héritier externe, la substitution paraissait devoir s'évanouir par suite de l'adition de ce pupille. Cependant, afin que les biens du défunt pussent être vendus aux enchères, même dans le cas où un pupille héritier externe aurait été institué, l'Empereur interpréta si favorablement la substitution de l'esclave que la vente se fit comme si l'institution du pupille n'avait produit aucun effet (1). Le mineur restitué sera en outre tenu de supporter les conséquences de tous les actes régulièrement faits entre la répudiation et la restitution, comme la vente des biens faite par le curateur nommé à cet effet par le préteur (2).

Un mineur condamné par jugement a donné à son créancier un gage que celui-ci a vendu ; puis il a été restitué *in integrum* contre ce jugement : la vente de ce gage doit-elle être résolue? Il est certain que la valeur du gage qu'il a donné doit lui être rendue ; mais, s'il a intérêt à reprendre le gage en nature et que sa perte lui cause un grand préjudice, on lui permettra de le faire (3).

La restitution, remarquons-le bien, ne comprend pas ce qui tient étroitement à l'objet même de la demande. — Modestin cite à ce propos l'exemple d'une pupille qui, ayant été condamnée à raison de sa curatelle, demandait à être restituée contre un seul chef de la sentence, tandis que son adversaire prétendait que le jugement tout entier devait être annulé. Consulté à ce sujet, il répondit qu'il n'y avait aucune raison de réformer toute la sentence si le chef contre lequel la pupille demandait la restitution était indépendant

---

(1) Loi 7, § 10, *id.* — (2) Loi 22, *id.* — (3) Loi 9, pr. *id.*

des autres (1). Celse décida de même que la restitution contre l'action directe de tutelle n'entraînait pas, par voie de conséquence, le rétablissement de l'action contraire (2).

La restitution étant établie dans le seul intérêt du mineur, celui-ci peut toujours y renoncer quand il y trouve avantage : « *Quia unicuique licet*, dit Julien, *contemnere* « *hæc quæ pro se introducta sunt* (3). »

§ 2

Voyons maintenant comment opèrent les effets de la restitution. La *restitutio in integrum* est-elle *in personam* ou *in rem*, c'est-à-dire s'exerce-t-elle seulement contre des personnes déterminées ou aussi contre des personnes indéterminées dont on ne pouvait prévoir la mise en cause lors de la lésion, telles que des tiers détenteurs postérieurs? Un texte de Paul et un autre d'Ulpien disent que la restitution est tantôt réelle, tantôt personnelle (4). D'après une formule adoptée par beaucoup d'auteurs, la *restitutio in personam* est la règle, la *restitutio in rem* l'exception : c'est trop absolu.

La restitution peut s'exercer au profit d'un mineur contre une usucapion accomplie à son préjudice ; elle agit ici *in rem*, c'est-à-dire contre tout possesseur (5), puisque le plus souvent elle se réalise en rendant à l'ancien propriétaire l'action de la propriété. Il en est de même de la restitution contre l'acceptation ou la répudiation d'une succession (6).

Mais il en est autrement quand il s'agit d'un contrat ;

---

(1) Loi 29, § 1, *id.* — (2) Loi 28, *id.* — (3) Loi 41, *id.* — (4) Sent., liv. I, tit. VII, § 4. — Loi 13, § 1, de minor. — (5) Dig., loi XXX, § 1, liv. IV, tit. VI. — (6) Loi 17, pr. *id.*

régulièrement, la restitution ne s'exerce que contre celui avec qui la partie lésée a contracté : elle est *in personam* et n'atteint les tiers que par exception. Ainsi quand un mineur est restitué contre une vente désavantageuse, il ne peut réclamer sa propriété que de l'acquéreur et non du tiers possesseur, à moins toutefois que celui-ci n'ait été de mauvaise foi ou que le premier acheteur ne soit insolvable (1). — Il en est de même quand un mineur ayant été condamné à payer une dette, ses biens sont saisis et vendus comme gage du paiement ; car cet acte se fait au nom du mineur et est considéré comme émanant de lui. Si plus tard la restitution annule la condamnation prononcée, le mineur ne peut, en principe, réclamer qu'au créancier la somme qu'il a payée en exécution de la sentence (2). Par exception, dans le cas où la perte de la chose lui causerait un trop grand préjudice, il peut se faire rendre cette chose elle-même par le possesseur (3).

CHAPITRE IV

Comment se perd le bénéfice de la restitution.

Nous indiquerons à cet égard deux modes principaux :

I. *Désistement.* — Il faut que le titulaire renonce entièrement à son droit ; une simple interruption de poursuites ne suffit pas (4). Mais la ratification donnée par le

---

(1) Loi 13, § 1 et loi 14, de minor. — (2) Loi 9, pr. *id.* — (3) Loi 49, *id.* — Code, loi 1, liv. II, tit. XXIX. — (4) Dig., loi 20, § 1, de minor.

mineur à l'acte contre lequel s'exerce la restitution équivaut à une renonciation expresse (1); quant aux actes qui se trouveraient en contradiction avec le but et le résultat de la restitution prononcée, ils impliquent une ratification tacite. Au reste, tous ces actes n'annulent le droit à la restitution que s'ils sont faits à une époque où l'état particulier qui motive la restitution n'existe plus, ce qui indique que, pour renoncer, il faut être majeur.

Un fils émancipé ayant négligé de demander au préteur la possession de biens *contra tabulas* avait d'abord poursuivi la restitution contre cette omission, puis réclamé, après sa majorité, un legs qui lui était fait dans le testament de son père. C'est là, dit Papinien, une renonciation à invoquer le bénéfice de la restitution, puisque le mineur a ainsi approuvé le testament de son père (2). Si cependant l'acte fait en majorité n'est que la conséquence forcée de celui qui a été fait en minorité, on ne devra pas y voir une ratification, comme le montre Ulpien dans l'espèce suivante : « Un mineur de vingt-cinq ans s'était immiscé » dans la succession de son père et, devenu majeur, avait » poursuivi les débiteurs de la succession : il demandait » ensuite à être restitué. On lui opposait ce prétendu acte » de ratification fait pendant sa majorité : *Contradicebatur* » *ei quasi major factus comprobasset quod minori sibi pla-* » *cuit*. Je pense cependant, dit le jurisconsulte ne voyant » là que la conséquence d'un acte fait en temps de mino- » rité, que la restitution doit lui être accordée et qu'il » faut s'attacher au début de l'affaire (*initio inspecto*) (3). »

M. de Savigny a prétendu qu'il y avait ici une dérogation

(1) Code, lois 1 et 2, liv. II, tit. XLVI. — (2) Dig., loi 30, de minor. — (3) Loi 3, § 2, *id.*

au principe que la ratification faisait perdre au mineur le droit de demander la restitution, que les décisions de Papinien et d'Ulpien étaient incompatibles. C'est là, croyons-nous, une erreur. En effet, la loi 30 parle d'un acte tout à fait indépendant qui ne peut s'expliquer que par une ratification ; dans la loi 3, § 2, au contraire, la poursuite des débiteurs ne prouve pas que le majeur ait la volonté de rester héritier, mais peut s'expliquer par cette considération que le défaut de poursuites aurait pu diminuer l'actif de la succession et le déficit en être imputé à la négligence de celui qui demandait la restitution.

Le mineur aura toujours droit à la restitution contre ses propres actes, même quand ces actes n'auraient pas été achevés à l'époque de sa majorité : on ne verra pas là de sa part une ratification, mais la restitution sera plus difficile à obtenir. C'est ce qu'indique Ulpien dans l'espèce suivante : « Un mineur de vingt-cinq ans ayant intenté l'action » de tutelle contre l'héritier de son tuteur, celui-ci avait été » absous en vertu d'un jugement rendu seulement après » la majorité de l'ex-pupille : la question de restitution s'é- » leva à propos de ce jugement. Je ne crois pas, dit-il, qu'il » y ait ici lieu de l'accorder, à moins que l'adversaire du » mineur n'ait usé de ruse pour traîner l'affaire en lon- » gueur et en reporter le jugement après la majorité ; car il » y aurait alors une lésion qui remonterait à la mino- » rité (1) ». En dehors de cette hypothèse du dol de l'adversaire, il n'y a pas lieu à restitution lorsque la sentence a été rendue après *l'ætas legitima* (2).

II. *Prescription.* — Bien que cela paraisse bizarre, la prescription de la restitution à Rome a beaucoup plus

(1) Loi 3, § 1, *id.* — (2) Code, loi 1. liv. II, tit. XXVII.

d'affinité avec une péremption de procédure qu'avec la prescription d'une action. La prescription s'applique non-seulement quand la restitution sert de moyen d'attaque et opère ainsi comme ferait une action, mais encore quand elle sert de moyen de défense, soit pour recouvrer une exception perdue, soit pour repousser une action tenant lieu d'exception. Pour profiter d'une semblable exception, celui qui a droit à la restitution doit la demander dans le délai de quatre ans, même quand son adversaire n'intenterait pas d'action et qu'ainsi le besoin d'une exception ne se ferait pas directement sentir. La nécessité d'observer les délais de la restitution ne doit donc pas être confondue avec la prescription d'une exception, prescription impossible de sa nature.

La restitution se prescrit à partir de la vingt-cinquième année ou même dès que le mineur est déclaré majeur *venia ætatis*. Suivant certains auteurs, il faudrait encore que la partie lésée eût connaissance de la lésion ; mais c'est là une circonstance tout-à-fait indifférente. — Il faut ensuite que la prescription n'ait pas été interrompue.

A l'origine, la prescription pour les majeurs et les mineurs s'accomplissait par une année utile : ce délai, pour les mineurs, s'appelle *legitimum tempus*, sans doute parce qu'il a été emprunté à la loi Plætoria pour être appliqué à la restitution. Justinien fixa ce délai à quatre années continues. Pour les mineurs déclarés majeurs, il décida que leur restitution pour des lésions antérieures ne serait pas prescrite avant leur vingt-cinquième année, de sorte que dans ce cas la prescription pouvait quelquefois durer plus de quatre ans (1).

---

(1) Loi 5, pr. et loi 7, pr., liv. II, tit. LIII.

TROISIÈME PARTIE

DROIT IMPÉRIAL

Après le droit prétorien, le droit civil modifia à son tour la condition des mineurs de vingt-cinq ans, ce qui résulte des constitutions de Marc-Aurèle et de Septime-Sévère, que nous allons étudier successivement.

CHAPITRE I

Constitution de Marc-Aurèle.

§ 1. — *Établissement d'un curateur général permanent.*

La présence d'un curateur, avons-nous vu, n'enlevait pas au mineur de vingt-cinq ans la faculté d'obtenir la *restitutio in integrum :* cette obtention devenait seulement plus difficile. La curatelle n'était donc rien de plus qu'un moyen pratique de prévenir le mal et de rendre par suite moins fréquentes des réparations dont l'usage était souvent abusif et parfois illusoire, surtout quand le mineur avait affaire à un homme insolvable qui avait rendu le mal irréparable, en laissant périr ou détériorer le bien de l'incapable.

La constitution de Marc-Aurèle ne nous est révélée que par le passage suivant de son historien, Julius Capitolinus : « *De curatoribus vero, cum ante non nisi ex lege Plætoria,* » *vel propter lasciviam, vel propter dementiam darentur,* » *ita statuit, ut omnes adulti curatores acciperent non red-* » *ditis causis* (*In Marco, cap.* x). » Il résulte de là qu'avant cette constitution, il y avait trois sortes de curatelle : celle des fous (*propter dementiam*), celle des prodigues (*propter lasciviam*), déférées toutes deux aux agnats par la loi des Douze Tables (1), enfin celle des adultes donnée par la loi Plætoria, mais *redditis causis*, c'est-à-dire pour un cas spécial. L'innovation de Marc-Aurèle consiste donc en ce que, à l'avenir, la minorité de vingt-cinq ans fut considérée comme étant par elle-même une cause suffisante pour établir une curatelle générale et permanente, c'est-à-dire ayant lieu *non redditis causis*.

Mais cette curatelle était toute facultative et ne pouvait être imposée au mineur comme au fou et au prodigue. « *Inviti adolescentes curatores non accipiunt :* » tel est le principe posé par Justinien, et il est confirmé par beaucoup de textes des jurisconsultes classiques : « *Minoribus anno-* » *rum desiderantibus curatores dari solent,* dit Papinien (2). » *An autem aliis petere curatorem possit minori,* dit Mo- » destin, *quæsitum est?* Et Ulpianus egregius ita scribit : » *non licere alium ei petere, sed ipsum sibi ipsi* (3). — *Is qui* » *curatorem alicui præsenti petat, non aliter audietur, nisi* » *adulto consentiente,* dit Paul : *quod si absenti : ratam* » *rem eum habiturum, necesse habet dare* (4). — *Et ideo in* » *hanc usque ætatem* (xxv *annorum*) *adolescentes curato-*

---

(1) Ulp. reg., tit. xii, § 2. — (2) Dig., loi 13, § 2, liv. xxvi, tit. v. — (3) Loi 2, § 5, liv. xxvi, tit. vi, — (4) Loi 13, § 3, liv. iii, tit. iii.

» *rum auxilio reguntur,* dit Ulpien, *nec ante rei suæ administratio eis committi debebit, quamvis bene rem suam gerentibus* (1).— *Præterea,* ajoute-t-il ailleurs, *dat curatorem ei etiam qui nuper factus idoneæ negotia sua tueri non potest* (2).— *Masculi puberes et fœminæ,* disent enfin les Instituts, *viripotentes usque ad vicesimum quintum annum completum curatores accipiunt; quia, licet puberes sint, adhuc tamen ejus ætatis sunt ut sua negotia tueri non possint*(3). » La réforme de Marc-Aurèle fit probablement tomber en désuétude le *judicium publicum* établi par la loi Plætoria; mais elle n'enleva au mineur ni l'exception fondée sur le dol de son cocontractant, puisqu'elle rentrait dans le droit commun depuis que l'*exceptio doli mali* avait été admise d'une manière générale, ni le bénéfice de la *restitutio in integrum,* dont l'application devint plus rare.

Toutefois, le principe : *Inviti adolescentes curatores non accipiunt,* ne doit s'appliquer, croyons-nous avec M. Accarias, qu'aux mineurs qui n'ont jamais été en tutelle; autrement il serait trop général et conduirait à des résultats peu pratiques. Cependant plusieurs des textes que nous venons de citer et d'autres encore (4) semblent contredire cette idée, en s'exprimant d'une manière générale sur la nécessité où sont tous les mineurs de vingt-cinq ans sans distinction de recevoir des curateurs; puis les mots *non redditis causis* de la constitution de Marc-Aurèle paraissent avoir la même signification. L'Empereur veut, il est vrai, qu'on donne des curateurs aux adultes sans autre raison que leur âge; mais il ne s'ensuit pas que l'on doive en donner à

---

(1) Loi 1, § 3, de minor. — (2) Ulp. reg. tit. XII, § 4. — (3) Instit., liv. I, tit. XXIII, pr. et § 2. — (4) Dig., loi 33, § 1, liv. XXVI, tit. VII. — Loi 3, pr. de minor.

tous, même contre leur gré. Heineccius explique ces textes en disant que si, en droit, les adultes n'étaient pas contraints d'avoir des curateurs, en fait, ils en avaient tous, les tuteurs ne devant pas sans cela leur rendre de comptes; mais cette prétendue défense faite aux tuteurs ne ressort pas du tout des textes qu'il invoque (1). Le tuteur devait avertir l'adulte de demander un curateur, il pouvait même en demander un lui-même au magistrat en son lieu et place (2). S'il ne le faisait pas, il était responsable; s'il rendait ses comptes à l'adulte seul, il s'exposait à les voir annuler par la *restitutio in integrum;* mais tout cela ne signifiait pas qu'il ne pût quitter l'administration des biens de son pupille qu'après lui avoir fait donner un curateur, qu'il y fût obligé.

Quant au curateur qui aura été ainsi nommé au mineur de vingt-cinq ans, sera-t-il, une fois les comptes de tutelle rendus, complétement dessaisi de l'administration de ses biens? Cela n'est pas probable; car Ulpien nous dit que de son temps les mineurs ont un curateur jusqu'à l'âge de vingt-cinq ans, et que jusque là, quelque habiles qu'ils puissent être, on ne doit pas leur laisser l'administration de leurs biens (3). D'autre part, si l'on applique ceci à tous les mineurs de vingt-cinq ans, on viole la règle : *Inviti adolescentes curatores non accipiunt.* Tout s'explique très-bien, au contraire, si on restreint ce texte d'Ulpien aux mineurs qui ont été en tutelle, c'est-à-dire qui ont très-bien pu recevoir des curateurs malgré eux. Quant à ceux qui n'ont jamais été en tutelle, qui ne sont devenus *sui juris* qu'après leur puberté, on leur appliquera la règle de Justinien.

---

(1) Loi 5, § 5, liv. XXVI, tit. VII. — (2) Code, loi 7, liv. V, tit. XXXI. — (3) Dig., loi 1, § 3, de minor.

Dans le droit classique, les femmes pubères qui n'avaient pas vingt-cinq ans étaient toujours en curatelle. En effet, Gaïus nous dit que les femmes en tutelle administrent leurs biens elles-mêmes quand elles ont atteint la *perfecta ætas*, c'est-à-dire sont pubères (1). D'autre part, Ulpien dit que le tuteur d'une femme pubère n'administre pas, mais *auctoritatem duntaxat interponit* (2). Qui donc administre les biens de la femme adulte, c'est-à-dire pubère et mineure de vingt-cinq ans? Ce ne peut être son tuteur, avons-nous dit; ce ne peut être elle-même, puisque, étant en tutelle, on ne lui applique pas la règle : *Inviti adolescentes curatores non accipiunt;* il faut donc que ce soit un curateur. Cette induction est confirmée par un texte de Paul : Une femme mariée voulant, dit-il, se constituer une dot, la présence de son curateur ne suffirait pas, il lui faut encore l'*auctoritas tutoris* (3). Cette femme a donc un tuteur à raison de son sexe, un curateur évidemment à cause de son âge.

Malgré la restriction que nous lui avons fait subir, le principe : *Inviti adolescentes curatores non accipiunt* souffre encore des exceptions qui, dans le dernier état du droit, paraissent être au nombre de quatre (4).

1° La première nous est indiquée par Justinien lui-même qui, après avoir posé le principe, ajoute : *prœterquam in litem*. Ainsi tout mineur qui a un procès ne sera pas admis à plaider tant qu'il n'aura pas un curateur spécial, à moins qu'il n'en ait déjà un général et permanent (5). Si, dans le but de paralyser la demande dirigée contre lui, il refuse

(1) Com. 1, § 190. — (2) Règle, tit. II, § 25, — (3) Frag. Vatic., § 110.
(4) Ceci ne doit s'entendre que d'un curateur spécial. — (5) Dig., loi 1, §§ 3 et 4, liv. XXVI. tit. VII. — Code, loi 1, liv. V, tit. XXXI.

d'en demander un, le préteur le lui imposera, si le demandeur l'exige.

2° Quand le mineur réclame le paiement de ce qui lui est dû, le débiteur peut refuser de le payer, s'il ne se fait assister d'un curateur, ainsi que nous l'avons dit en parlant de la *restitutio in integrum* (1).

3° Quand la tutelle cesse par la puberté du pupille, les constitutions obligent, avons-nous dit, le tuteur à conseiller à son ex-pupille de demander un curateur. Faute de donner ce conseil, il sera responsable et poursuivi par l'action de tutelle qui survit ainsi à la tutelle elle-même pour protéger le mineur (2). En cessant ses fonctions par suite de la puberté du pupille, le tuteur a d'ailleurs un moyen facile de le forcer à se faire nommer un curateur; il n'a qu'à refuser de lui rendre ses comptes de tutelle tant qu'il n'aura pas obéi à ses conseils et au besoin à demander lui-même au magistrat cette nomination, comme l'y autorise un rescrit de l'empereur Gordien (3).

4° Le mineur est atteint d'aliénation mentale; dans ce cas, qu'il le veuille ou non, il sera toujours pourvu d'un curateur. Mais sera-ce à titre de fou ou à titre de mineur? La règle de Justinien conduirait à la première solution; mais un texte formel d'Ulpien consacre la seconde (4), ce qui a pour conséquence d'exclure les agnats de la curatelle légitime et de permettre au magistrat de nommer toujours un curateur. — En l'absence de textes, il paraît logique de décider de même pour les mineurs prodigues.

(1) Dig., loi 7, § 2, de minor. — (2) Loi 5, § 5, liv. XXVI, tit. VII. — (3) Code, loi 7, liv. V, tit. XXXI. — (4) Dig., loi 3, § 1, liv. XXVI, tit. I.

§ 2. — *Fonctions de ce curateur.*

Bien que cela ne rentre pas spécialement dans notre matière, disons en quelques mots en quoi consistent les fonctions et les pouvoirs du curateur général et permanent. — Une fois nommé, il a sur les biens du mineur le pouvoir que le tuteur a sur ceux du pupille ; il peut comme lui *negotia gerere*, faire intervenir le mineur dans l'acte et *consensum accommodare*. Il a le droit de poursuivre les débiteurs du mineur et de donner son consentement si l'adulte actionne lui-même. « Non denegari autem neque tutoribus » neque curatoribus, dit Ulpien, etiam debitoribus pupil- » lorum vel adultorum *ex persona sua*, *prospectu officii*, » in judicium vocare, vel eis hoc facientibus, *suum accom-* » *modare consensum* (1). » Il reçoit le paiement des sommes dues au mineur et peut aliéner les biens pour lesquels, depuis la constitution de Septime-Sévère, une autorisation spéciale du préteur urbain n'est pas nécessaire (2). — La curatelle générale ne s'étendait qu'aux biens possédés par l'adulte au moment où elle avait commencé ; il fallait une nouvelle demande et une nouvelle nomination pour y comprendre ceux qui pouvaient lui survenir plus tard.

Le *consensus curatoris* diffère dans la forme de l'*auctoritas tutoris*. On n'est pas aussi sévère sur la manière de l'exprimer. Le tuteur qui donne son *auctoritas* doit être présent à l'acte ; le consentement du curateur, au contraire, est valablement donné avant, pendant ou après l'opération,

---

(1) Loi 1, § 4, liv. XXVI, tit. VII. — (2) Loi 1, pr. et § 2, liv. XXVII, tit. IX, — Loi 14, § 7, liv. XLVI, tit. III.

expressément ou tacitement. Il y a des actes dans lesquels le mineur doit intervenir en personne, le curateur ne faisant que donner son consentement, tels que l'adrogation, la *mancipatio*, l'*in jure cessio* et les autres actes solennels (1). Toutefois la circonstance que le curateur a donné son consentement quand il est nécessaire rend l'acte valable, mais n'exclut pas la possibilité de la restitution qui, nous l'avons vu, s'étendit au delà des limites qu'on lui avait primitivement tracées.

§ 3. — *Capacité du mineur.*

Etudions maintenant la capacité juridique du pubère mineur de vingt-cinq ans pourvu d'un curateur général et permanent. Celui qui n'en a pas est capable, d'après le droit civil, de rendre sa condition pire ou meilleure, sauf à demander la *restitutio in integrum*, s'il a été lésé (2).

Au cas où le mineur est pourvu d'un curateur, les interprètes ne sont pas d'accord sur l'étendue de sa capacité, à cause des textes contradictoires qui se trouvent dans les compilations de Justinien. — Relativement aux biens dont l'administration est confiée au curateur général et permanent, les empereurs Dioclétien et Maximien nous disent que le mineur est assimilé au prodigue : « Si curatorem » habens minor xxv annis post pupillarem ætatem res » vendidisti, hunc contractum servari non oportet : *Cum* » *non absimilis ei habeatur minor curatorem habens, cui* » *a prætore curatore dato, bonis interdictum est* (3). »

(1) Loi 8, liv. I, tit. VII. — Code, loi 5, *in fine*, liv. V, tit. LIX. (2) Dig., loi 13, liv. XLIV, tit. VII. — (3) Code, loi 3, liv. II, tit. XXII.

Ainsi la vente de ses biens que le mineur aurait faite seul est radicalement nulle; il n'y aurait même pas besoin de lui accorder la *restitutio in integrum*, tandis qu'on devrait la lui donner, s'il n'avait pas de curateur : « *Si vero sine cu-* » *ratore constitutus*, ajoutent les Empereurs, *contractum* » *fecisti: implorare in integrum restitutionem, si necdum* » *tempora præfinita excesserint, causa cognita non pro-* » *hiberis.* » Si nous n'avions que ce texte, nous admettrions sans hésiter que la nomination d'un curateur général et permanent rend le mineur complétement incapable de s'obliger. Mais d'autres textes nous montrent le mineur capable de s'obliger et de contracter seul des dettes pour lesquelles il pourra être poursuivi pendant ou après sa minorité sur les biens dont le curateur général n'a pas l'administration : « *Puberes sine curatoribus suis possunt ex* » *stipulatu obligari,* nous dit Modestin (1). — *Obligari* » *potest pubes compos mentis,* dit Paul (2). — *Pubes* » *prœinde ac paterfamilias obligari solet*, dit Gaïus (3). »

Comment concilier ces textes et surtout la loi 101 qui contient le principe avec la constitution de Dioclétien et de Maximien? Divers systèmes ont été proposés. — Les uns lisent *non possunt obligari* au lieu de *possunt obligari*; les autres proposent d'ajouter après *curatoribus* le mot *præsentibus*, ce qui exprime une idée vraie, mais qui n'est évidemment pas celle de Modestin. Ces corrections seraient admissibles, s'il était impossible d'expliquer autrement la loi 101 ; mais elles ne sont pas nécessaires. En effet, autant il est utile de prémunir le mineur contre la dissipation de son patrimoine en lui enlevant la faculté d'aliéner, autant

(1) Dig., loi 101, liv. XLV, tit. I. — (2) Loi 43, liv. XLIV, tit. VII. — (3) Loi 141, liv. XLV, tit. I.

il est peu important de lui laisser les moyens de contracter des dettes qui ne peuvent se payer sur ses biens, alors qu'il est protégé par la *restitutio in integrum*. Cette manière est d'ailleurs bien plus conforme au génie des jurisconsultes romains qui ne connaissaient pas nos abrogations radicales, mais se contentaient d'éluder les principes. — Une autre système prétend que le texte de Modestin se rapporte exclusivement aux mineurs qui ne sont pas *in curatione constituti*, c'est-à-dire n'ont pas de curateur général; c'est arbitraire et tout aussi inadmissible que l'opinion d'après laquelle le mineur, *sine curatore suo*, peut bien obliger sa personne, mais non son patrimoine. — Nous n'admettrons pas davantage l'interprétation qui consiste à dire que Modestin a simplement voulu signaler la différence entre l'*auctoritas tutoris* et le *consensus curatoris;* que, suivant lui, le mineur a bien besoin de l'assistance de son curateur pour s'obliger, mais qu'il est inutile que le curateur l'assiste au moment même où il contracte. En effet, il résulte clairement des textes de Gaïus et de Paul cités plus haut que le pubère mineur de vingt-cinq ans n'a besoin d'aucune assistance pour s'obliger valablement. — Enfin, d'après une doctrine très-répandue, le mineur de vingt-cinq ans peut s'obliger, mais non aliéner, sans l'assistance de son curateur. Cujas nous dit de la constitution des Empereurs : « *De rerum alienatione, veluti de rerum » venditione jam perfecta impletaque, loquitur, non de obli- » gatione* (1). » C'est là une erreur, car les Empereurs disent précisément que le mineur qui a un curateur ne diffère point du prodigue interdit; or le prodigue interdit ne peut pas plus s'obliger qu'aliéner. D'ailleurs, il est dif-

(1) Cujas, loi 101, *de verbor. obligat.*

licite de croire que les mots *venditio* et *contractus* puissent signifier une aliénation.

Voici maintenant l'explication qui nous paraît la plus probable et est aussi la plus généralement admise. — Pour connaître la capacité des mineurs de vingt-cinq ans ayant un curateur général et permanent, il faut distinguer plusieurs époques. Sous les jurisconsultes classiques, le pubère mineur de vingt-cinq ans, quoique pourvu d'un curateur, conserve sa capacité pleine et entière. Il peut aliéner et s'obliger; s'il est lésé, il peut se faire restituer *in integrum*, comme s'il n'avait pas de curateur. Dioclétien et Maximien changèrent ces principes et décidèrent que le mineur qui aurait un curateur serait assimilé au prodigue interdit ayant un curateur, que l'obligation par lui contractée serait nulle, sans avoir besoin de la *restitutio in integrum*. — Ainsi, avant leur constitution, si un pubère mineur de vingt-cinq ans ayant un curateur avait fait seul un acte, il pouvait se faire restituer. Depuis, au contraire, s'il a fait seul cet acte, c'est-à-dire sans l'assistance de son curateur, il pourra en demander la nullité. Les résultats sont très-différents : 1° *Au point de vue du temps;* car la restitution ne peut être demandée d'abord que pendant une année utile et plus tard pendant cinq années continues, tandis que le mineur peut à toute époque invoquer la nullité. 2° *Au point de vue de la preuve à faire;* car le mineur qui veut se faire restituer doit prouver qu'il a été lésé, tandis que, d'après la constitution des Empereurs, la nullité de l'acte accompli par le mineur seul dérive du fait même de la non-assistance du curateur.

CHAPITRE II

Constitution de Septime-Sévère.

C'est par une courte explication de ce document que nous allons terminer notre étude sur la condition des mineurs de vingt-cinq ans à Rome.

Un sénatus-consulte rendu sous le règne de Septime-Sévère vint encore modifier leur capacité juridique en les protégeant contre l'aliénation de leurs biens-fonds. Il décida qu'à l'avenir les tuteurs et curateurs ne pourraient aliéner ou hypothéquer les *prædia rustica vel suburbana* des pupilles et des mineurs de vingt-cinq ans confiés à leurs soins sans autorisation du préteur qui sera juge de l'opportunité de l'aliénation ou de l'hypothèque, sauf le cas où les parents l'auraient permis dans un testament ou un codicille (1). L'acte fait au mépris de ce sénatus-consulte est radicalement nul, la restitution est inutile (2).

Il n'était donc pas défendu au tuteur ni au curateur d'aliéner les *prædia urbana*; mais que faut-il entendre par *prædia urbana* et par *prædia rustica vel suburbana?* Le sens dans lequel ces expressions sont employées ici nous est donné par Ulpien : « Par *prædia urbana*, dit-il, nous » entendons non-seulement tous les édifices situés dans » les villes, mais encore les maisons situées à la » campagne et les maisons d'agrément; car un fonds est » urbain, non à raison du lieu où il est situé, mais à raison » de sa destination. D'où il suit que, si des jardins sont

---

(1) Dig., loi 1, pr. et § 2, liv. XXVII, tit. IX. — (2) Code, lois 2, 15 et 16, liv. V, tit. LXXI.

» joints à une maison pour son agrément, ce sont des » *prædia urbana*; mais, s'ils sont d'un grand revenu en » vignes ou en olives, la maison ne sera plus un *prædium* » *urbanum* (1). » D'après ce texte, les *prædia rustica vel suburbana* sont donc les fonds de terre et les maisons affectées à une exploitation agricole.

Bien que le sénatus-consulte de Sévère ne parlât que des aliénations ou hypothèques consenties par le tuteur ou le curateur, on n'hésita pas à en étendre les dispositions au cas où le mineur aurait agi seul; le contraire eût été déraisonnable. La jurisprudence confirmée par Justinien se montrait même si rigoureuse sur ce point qu'elle soumettait toujours au sénatus-consulte le mineur qui avait obtenu la *venia ætatis* (2). — Allant plus loin, Constantin avait décidé qu'aucun bien meuble ou immeuble appartenant à un pupille ou à un mineur de vingt-cinq ans ne pourrait être aliéné par les tuteurs ou curateurs sans un décret spécial du préteur, à l'exception des vêtements et des animaux inutiles (3). Les *mancipia rustica*, c'est-à-dire les esclaves ruraux employés à la culture, ne pouvaient pas non plus être aliénés.

Dans le droit de Justinien, la nullité des aliénations ou hypothèques consenties contrairement au sénatus-consulte s'éteint par une prescription libératoire de cinq ans qui courent à partir de la cessation de la minorité. Au cas d'aliénation gratuite, la prescription est de dix ans entre présents et de vingt ans entre absents (4).

---

(1) Dig., loi 198, liv. L, tit. XVI. — (2) Code, loi 3, liv. II, tit. XLV. — (3) Code, loi 22, liv. V, tit. XXXVII. — (4) Loi 3, liv. V, tit. LXXIV.

DROIT FRANÇAIS

DE L'ÉMANCIPATION ET DES MINEURS ÉMANCIPÉS

ANCIEN DROIT

CHAPITRE I

Notions historiques.

§ 1. — *Législation Romaine.*

Dès l'origine de Rome, les lois s'attachèrent à régler l'organisation de la famille et la puissance paternelle; c'est à Romulus lui-même que les historiens et les jurisconsultes attribuent les premières dispositions législatives sur cette branche importante du droit. Mais ce n'est que dans la loi des Douze-Tables qu'on trouve à cet égard le premier texte précis; le caractère absolu que ce vieux monument du droit Quiritaire imprime à l'autorité paternelle en a fait une institution à laquelle il n'y a rien de comparable chez les autres peuples. A Rome, la puissance paternelle est essentiellement de droit civil, exclusivement propre aux citoyens romains; mais elle subit avec le temps des modifications importantes dont nous devons donner une idée sommaire, en indiquant en même temps la manière dont l'émancipation la faisait cesser.

I. *Ancien droit.* — A l'origine, le pouvoir du père de famille sur ses enfants est sans limites et sans contrôle; il a sur eux droit de vie et de mort, il peut les exposer et les abandonner, les vendre par la *mancipatio* et les faire ainsi tomber dans un état voisin de l'esclavage. Ils ne peuvent se marier sans son autorisation; il peut ensuite, malgré eux, les contraindre au divorce en répudiant arbitrairement son gendre ou sa bru. — Relativement à ses biens, le fils de famille ne peut rien posséder, rien acquérir, ni exercer aucun droit en son propre nom. Le fruit de son travail ou de son talent tombe dans le patrimoine de son père qui en dispose à son gré, et peut, en outre, l'exhéréder complétement au profit d'un étranger. Cette puissance dont le père seul avait l'exercice, qui. on le voit, était dans son intérêt exclusif, était perpétuelle et ne cessait qu'à sa mort, quel que fût l'âge des enfants

Les lois primitives ne fournissant au père aucun moyen direct de libérer ses enfants de la puissance paternelle, on chercha à y arrriver par une voie détournée. La loi des Douze-Tables (Table IV) contenait une disposition ainsi conçue : « *Si pater filium ter venum duit, filius a patre* » *liber esto;* » on imagina alors d'employer ce moyen pour atteindre le but que l'on se proposait. Le père qui voulait émanciper son fils le vendait trois fois par la *mancipatio*, forme primitive de tous les contrats chez les peuples Latins, en présence de sept témoins, citoyens romains et pubères, dont l'un (*libripens*) portait une balance pour peser le prix qui devait être remis au vendeur. A chaque *mancipatio*, l'acquéreur affranchissait l'enfant qui était devenu son esclave, et, au bout de trois ventes successives, celui-ci se trouvait libre et *sui juris* (1). — Ces mancipations furent d'abord réelles, car nous voyons Numa défendre au père de vendre son enfant marié avec son consentement et selon les lois. Bientôt elles ne furent plus que fictives; de là, naquit l'émancipation qui fut un moyen de soustraire les enfants à la puissance paternelle. La loi des Douze Tables ne parlant pas des filles, on en avait conclu qu'une seule mancipation suffisait pour les émanciper; il en était de même pour la femme *in manu* qui voulait s'affranchir de la puissance maritale.

Dans la rigueur des principes, l'émancipation faisait complétement sortir l'enfant de sa famille et brisait les liens de l'*agnatio*, les seuls qui, à cette époque, engendrassent des obligations juridiques. L'enfant subit une *minima capitis deminutio* et devient *paterfamilias*, c'est-à-dire chef d'une famille nouvelle. En quittant sa famille originaire, il perd tous les droits qu'il y avait et se trouve aussi exonéré de toutes les charges qui incombaient à chacun de ses membres. Ses créances, actions, dettes et droits de succession étaient anéantis, en tant qu'ils concernaient sa personne civile; car au point de vue de la *cognatio*, il y avait là un lien naturel, un fait qu'aucune disposition législative ne pouvait détruire. Si l'émancipé était impubère, on lui donnait un tuteur qui fut d'abord l'acheteur fictif qui avait coopéré à son émancipation et plus tard le père émancipateur lui-même; ce fut la tutelle fiduciaire.

II. *Droit prétorien*. — Le préteur devait naturellement apporter des changements à une législation aussi rigoureuse et parfois aussi inhumaine. Il vit une injustice dans

---

(1) Gaïus, tome 1, § 132.

le principe de l'extinction légale des dettes de l'émancipé ; en conséquence, il rescinda la *capitis deminutio* subie par celui-ci et promit à ses créanciers lésés le secours de la *restitutio in integrum*. L'émancipé était exclu de la succession paternelle, le préteur l'y rappela en lui donnant des *bonorum possessiones* qui le firent venir au rang des *hæredes sui* et en concours avec eux, sauf la *collatio bonorum* à laquelle il était soumis. — S'il était exhérédé, il avait dans le droit primitif la faculté d'exhéréder son père émancipateur, lorsque celui-ci n'était pas en même temps son patron. Le préteur donna à ce dernier une *possessio contra tabulas dimidiæ partis* pour venir à la succession dont on l'avait exclu, sans préjudice pour lui du droit d'intenter la *querela inofficiosi testamenti* comme ascendant (1).

III. *Droit impérial.* — En changeant la constitution politique de l'Etat, l'empire opéra aussi une transformation graduelle dans le droit civil dont les règles impératives durent céder devant des principes plus naturels et plus doux. Par l'élévation de ses dogmes et la pureté de sa morale, le christianisme eut aussi une influence salutaire sur la législation ; son esprit de justice et de charité inspira souvent les décisions impériales. La puissance paternelle fut renfermée dans des limites plus conformes à son but et le père n'eut plus sur ses enfants cette autorité despotique et barbare des premiers siècles de Rome. Il lui fut défendu de les mettre à mort, de les abandonner *noxaliter*, de les exposer, de les contraindre au divorce ; il ne lui fut permis de les vendre qu'au cas d'extrême misère. — Quant aux biens, l'institution des pécules vint assurer au fils un pa-

(1) Dig., loi 1, § 6, liv. XXXVII, tit. XII.

trimoine propre sur lequel les droits du père étaient nuls ou restreints à une simple nue propriété.

Au point de vue de l'émancipation, l'enfant ne peut être émancipé sans son consentement; dans certains cas même, le père peut être forcé de l'émanciper. — L'empereur Anastase supprima les anciennes formes de l'émancipation qui avaient survécu jusqu'alors à tous les changements de fond qu'avait subis cette institution. Il décida qu'elle résulterait désormais d'un rescrit impérial insinué sur les registres du magistrat entre les mains de qui on devait le déposer : la présence de l'enfant ne fut plus exigée; mais, dans son intérêt même, on exigeait son consentement par écrit, s'il était pubère. — Malgré son émancipation, le fils de famille conserve ses pécules; sa *capitis deminutio* n'a pour effet que d'éteindre les droits d'usage et d'usufruit qu'ils comprennent. Quant au testament fait par le fils, s'il porte sur les pécules *quasi-castrense* et *adventice* il est rendu *irritum* par l'émancipation, sauf la *bonorum possessio secundum tabulas* donnée à l'institué, s'il est fait dans la forme prétorienne. Les constitutions impériales mettent l'émancipé au rang des agnats pour le faire venir à la succession légitime de ses frères et sœurs, comme s'il n'y avait pas eu émancipation. L'émancipation n'enleva plus au frère consanguin le droit de venir en concours avec sa mère à la succession de son frère; de même, les petits-enfants émancipés purent venir par une *bonorum possessio unde legitimi* à la succession de leur aïeule.

IV. *Droit de Justinien.* — Justinien alla plus loin qu'Anastase et permit au père qui voulait émanciper son enfant d'en faire directement la déclaration devant le magistrat ou le juge compétent; puis il décida que cette émancipation aurait, à l'égard de l'ascendant, tous les effets de celle qui était faite autrefois avec contrat de fiducie.

Les servitudes personnelles ne s'éteignant plus par la *capitis deminutio*, l'émancipé conserva les droits d'usage ou d'usufruit compris dans ses pécules *castrense* et *quasi-castrense*. Quand il vient à l'hérédité de ses frères et sœurs en concours avec d'autres frères restés en puissance, il partage avec eux sans diminution ; il en est de même de ses enfants. La mère dont les droits à la succession de son enfant ne sont pas détruits par l'émancipation est dispensée désormais d'avoir le *jus liberorum* pour pouvoir en profiter. L'enfant donné en adoption à un étranger conserva tous ses droits à la succession de son père naturel, même quand il aurait été émancipé depuis son adoption. Justinien assura au père émancipateur les droits de succession et de tutelle dont il jouissait autrefois; mais il ne l'appela qu'au troisième rang à la succession de l'émancipé, mettant au premier rang les enfants de celui-ci et au second ses frères et sœurs.

Ce fut sous cette forme nouvelle que l'émancipation se conserva dans l'empire d'Occident jusqu'à sa chute. Dans l'empire d'Orient, une constitution de Léon le Philosophe (Novelle 25) que plusieurs auteurs croient apocryphe supprima pour l'émancipation toute espèce de formalités, déclarant qu'elle pourrait résulter désormais pour le fils du fait d'avoir eu pendant longtemps une habitation séparée.

§ 2. — *Époque Barbare.*

Trois dominations successives ont passé sur notre pays avant qu'il devînt la France et ont laissé des traces profondes dans nos mœurs et notre législation. Occupée d'abord par les Celtes, la Gaule fut conquise par César et ne fut plus qu'une province romaine jusqu'à ce que l'invasion des Francs vînt la soumettre à un nouveau joug. C'est de la fusion des éléments divers empruntés aux usages celtiques, au droit romain et aux lois germaniques que se sont formées les institutions et les coutumes qui ont régi la France jusqu'en 1789. Mais ces trois sources n'ont pas peu contribué d'une manière égale à la formation de notre droit et de notre nationalité. La civilisation gauloise comprimée et presque étouffée par la conquête romaine finit par succomber devant la puissance de ses vainqueurs ; elle ne laissa après elle qu'un poétique souvenir et quelques usages restés vivaces dans les provinces habitées par ses derniers défenseurs. Les mœurs et les institutions de Rome, au contraire, s'implantèrent profondément dans notre sol, surtout dans le Midi, et le droit romain devint la vraie base de notre legislation. Imposées d'abord par les empereurs à la Gaule, les lois civiles furent ensuite acceptées par les populations comme un progrès et un bienfait, et elles résistèrent à tous les changements et à toutes les révolutions sociales. Lorsqu'au VIe siècle les tribus Germaines envahirent la Gaule et renversèrent l'Empire, elles purent bien s'emparer d'une partie du territoire, mais n'osèrent pas enlever aux vaincus l'usage des lois romaines. Alors prit naissance le système de la *personnalité des lois* : les Francs, les Bourguignons, et les peuples Germains suivirent leurs coutumes nationales, tandis que les Gallo-Romains continuèrent à être régis par le droit Romain. Plus tard, les *Capitulaires*, il est vrai, furent applicables à toute la monarchie franque ; mais ce principe d'unité ne put faire disparaître la différence profonde qui, dès le règne de Charles le Chauve, existait entre le Nord et le Midi. Déjà on voit se former une ligne de démarcation entre les provinces méridionales fortement pénétrées par la civilisation romaine et les provinces du Nord empreintes des usages germaniques. C'est de cette diversité de traditions et d'idées que naquit au moyen-âge la division de la France en pays de droit écrit et pays de droit coutumier : les premiers suivent, comme droit commun, les lois romaines modifiées seulement par quelques usages locaux, tandis que les seconds régis par des coutumes ne se réfèrent au droit Romain que comme à la raison écrite.

Chez les Gaulois, le père était, comme à Rome, maître de la personne et des biens de ses enfants ; il avait sur eux droit de vie et de mort; Gaïus lui-même (1) constate que les Galates, tribu d'origine gauloise, étaient le seul peuple chez lequel on trouvât une puissance paternelle comparable à celle des Romains. Mais, s'il y avait identité dans le caractère despotique de ce pouvoir, il existait une différence essentielle quant à sa durée; en Gaule, l'autorité du père n'était pas perpétuelle, elle cessait pour le fils qui contractait mariage ou atteignait un certain âge ; sa qualité de mari lui faisait acquérir une puissance absolue sur la personne de sa femme et l'émancipait lui-même de plein droit.

Après la conquête de la Gaule, les principes romains sur le caractère et la perpétuité de la puissance paternelle vinrent remplacer l'antique droit national et constituer la famille sur des bases nouvelles. L'autorité du père s'étendit aux petits-enfants et à l'épouse du fils, la règle de l'émancipation par le mariage disparut : le droit romain se substitua complètement aux usages celtiques.

Chez les divers peuples germains qui envahirent ensuite la Gaule, l'autorité paternelle avait un caractère tout à fait opposé. Cette puissance, nommée *mundium*, résultait du mariage et s'exerçait sur la femme et sur les enfants ; elle ne conférait à celui qui en était investi qu'un pouvoir de

(1) Com. 1, § 55.

tutelle et de protection, elle était surtout établie dans l'intérêt du faible et de l'enfant. Elle appartenait au père et à la mère; mais le père seul en avait l'exercice durant le mariage, parce qu'il était déjà chargé du *mundium* de son épouse. Elle cessait lorsque l'enfant avait atteint un âge assez avancé pour se protéger lui-même et lorsqu'il contractait mariage.

Cette différence caractéristique entre la *patria potestas* romaine et le *mundium* germanique devait se perpétuer dans les législations successives qui régirent notre ancienne monarchie. Après les invasions barbares, les Gallo-Romains continuèrent à avoir la puissance paternelle du droit impérial, adoucie seulement par le progrès des mœurs et l'influence chrétienne; les Francs, au contraire, et les autres peuples germains conservèrent dans leurs lois les principes traditionnels du *mundium*. Et lorsque, après plusieurs siècles, la fusion se fut opérée entre les divers éléments destinés à former notre nationalité, que la France fut définitivement constituée, la même divergence se reproduisit dans la législation; la puissance paternelle conserva une organisation fort différente dans les pays de droit écrit et les pays de droit coutumier.

§ 3. — *Puissance paternelle dans les coutumes.*

La plupart de nos coutumes étant muettes sur la puissance paternelle, leur silence semblait en subordonner l'exercice au droit naturel. En outre, on était tellement habitué dans toute la France à considérer le droit romain comme le type et l'idéal de la législation, que le pouvoir du père dans les pays de coutume ne fut jamais appelé du nom de puissance paternelle. Nos auteurs coutumiers ont tous reproduit cette règle de Loysel : « Droit de puissance paternelle n'a lieu. »

Aussi avait-on mis en doute que la puissance paternelle fût connue dans notre ancien droit coutumier ; mais il suffit de consulter les textes pour se convaincre du contraire. Laurière le dit formellement : il est certain que la puissance paternelle avait chez nous pour effet d'attribuer au père la propriété des biens acquis par le fils en puissance. Le même auteur cite à cet égard un passage du *Grand Coutumier* qui paraît décisif : « Un laiz ou don qui » est faict *à mon enfant étant en ma puissance* vient à mon » profit, au cas toutesfois que le don ou laiz ne seroit causé » pour apprendre à l'école, ou pour le marier; et encore si » la cause cessoit, ledit laiz ou don reviendroit à moy, par » la coustume de la prévôté de Paris (1). » Dans un acte du *Parloir aux Bourgeois* de 1293, on lit : « Il fut ré- » pondu, registré, témoigné et accordé de eux que les en- » fans demeurant avec le père ou avecques la mère, se ils » font aucuns acquêts, ils sont ceux au père ou à la mère, » sans contredire par la coutume de Paris. » Toutefois Bouteiller réserve au fils en puissance ce qu'il a gagné par son industrie (2). Le président Bouhier attribue les mêmes effets à la puissance paternelle et multiplie les exemples qui ne permettent pas de douter qu'en Bourgogne elle était reconnue.

Les termes mêmes de la coutume, les dispositions des anciens coutumiers publiés par le même auteur qui attachent à l'émancipation certaines conséquences supposent évidemment que le principe de la puissance paternelle

---

(1) Laurière sur Loysel, liv. I, tit. I. — (2) Somme rurale, liv. I, tit. LXXV.

était admis dans la province : « Les enfants de quatorze » ans puet estre ses sires et ester en jugement, se il tient » feu et lieu, ja soit que son père vive (1). » Les expressions de Loysel : « Droit de puissance paternelle n'a lieu, » veulent donc simplement dire que dans nos coutumes la puissance paternelle n'avait pas les mêmes caractères qu'à Rome.

Comparées aux règles de la *patria potestas* romaine, celles de notre droit coutumier « supposent plus d'affec- » tion dans le régime de la famille, plus d'intimité au sein » du foyer domestique. C'est uniquement la protection du » fort accordée au faible, la garde du pupille confiée à » ceux qui sont présumés lui porter le plus d'intérêt et » d'affection (2). » Ce pouvoir ne dure que jusqu'à la majorité ou le mariage de l'enfant, il appartient au père et à la mère : « Les enfants sont en la vourie et mainbournie de leurs père et mère, » dit Loysel. Ses principaux attributs consistaient, en premier lieu, dans le droit perpétuel d'exiger des enfants certains devoirs de respect et de reconnaissance, de leur réclamer des aliments et de consentir à leur mariage ; en second lieu, dans le droit qu'ont les père et mère de gouverner la personne et les biens de leurs enfants jusqu'à ce qu'ils soient en âge de se conduire eux-mêmes : de là pour les parents le droit de diriger leur éducation, de les autoriser à choisir une profession autre que le service militaire qu'ils peuvent embrasser sans leur consentement, de leur infliger une correction modérée et même de les faire enfermer dans une maison de force. Ces principes, on le voit, sont encore ceux de notre Code civil.

(1) Bouhier, Cout. de Bourgogne. — Anciennes cout. tit. III, art. 18

(2) M. Dupin, Cout. de Nivernais.

Enfin une dernière conséquence de l'autorité paternelle est le droit de garde noble ou bourgeoise qui donne aux parents nobles ou bourgeois de Paris l'administration et la jouissance des biens de leurs enfants jusqu'à leur majorité, c'est-à-dire, jusqu'à vingt ans pour les nobles, quatorze ans pour les roturiers mâles et douze ans pour les filles.

CHAPITRE II

De l'Émancipation et de ses formes.

L'émancipation, dit Denizart, *est l'acte par lequel une personne qui est sous la puissance paternelle ou l'autorité d'un tuteur en est affranchie*. De là, suivant plusieurs auteurs, deux genres d'émancipation : l'une, usitée dans les pays de droit écrit et les coutumes qui à cet égard suivent le droit Romain, qui *libère complétement l'enfant de la puissance paternelle ;* l'autre, usitée dans toute la France et ayant sa source dans la *venia œtatis*, par laquelle le *mineur est libéré de la tutelle* avant vingt-cinq ans (1). A un autre point de vue, on distingue en France trois sortes d'émancipation : celle des *gens de main-morte*, celle des *mineurs* et celle des *fils de famille* (2). Sous le rapport historique, on distingue : l'*époque féodale* où l'émancipation était différente suivant qu'il s'agissait d'un enfant noble ou

---

(1) Nouveau Denizart. — Merlin, Répertoire. — Émancipat. —
(2) Argou, — Instituts, liv. I, chap. V.

roturier, l'*époque monarchique* où elle était la même pour tous (1). Quelques coutumes admettent une *émancipation legale*, c'est-à-dire ayant lieu de plein droit dès que l'enfant a atteint l'âge requis par la coutume. Enfin une division plus générale et à laquelle nous nous attacherons plus spécialement est celle de l'*émancipation expresse* ou *conventionnelle* et de l'*émancipation tacite*.

§ 1. — *Émancipation expresse.*

C'est l'acte par lequel le père, usant du pouvoir que lui donne la loi ou la coutume, déclare mettre son enfant hors de sa puissance ou l'autorise à gouverner lui-même sa personne et ses biens.

En principe, le père ne peut être forcé d'émanciper son enfant, sauf s'il le maltraite, l'engage malgré lui dans la débauche, l'abandonne en l'exposant. De même, l'enfant ne peut être émancipé malgré lui quand il a atteint l'âge de discernement. — Dans les pays de droit écrit, il n'y avait pas d'âge fixé pour l'émancipation : tout dépendait de la maturité d'esprit du mineur, de l'appréciation des parents et du juge ; il en était de même dans la plupart des coutumes. Cependant, dans la coutume de Normandie qui fixait la majorité à vingt ans, les filles ne pouvaient primitivement obtenir l'émancipation ; mais des lettres patentes de 1719 décidèrent que les garçons à seize ans et les filles à quatorze ans pourraient être émancipés. A l'époque féodale, le fils de gentilhomme pouvait être émancipé dès son plus jeune âge, puisqu'il était jusque là incapable d'acquérir

(1) M. Chambellan, à son cours.

pour lui-même ; le fils de roturier, au contraire, étant capable d'acquérir par son travail, on ne pouvait l'émanciper qu'à sa majorité roturière. A l'époque monarchique, c'est-à-dire depuis le XVIe siècle, l'enfant pouvant à tout âge acquérir pour lui-même, le droit commun était qu'on ne pouvait l'émanciper avant l'âge de puberté, sauf dans la coutume de Bretagne.

L'émancipation expresse pouvait résulter d'un acte solennel constatant la volonté du père et du fils ; cet usage subsista jusqu'au XVIIIe siècle (1). Le fait le plus considérable que l'on puisse citer à cet égard est l'acte d'émancipation par lequel Hugues IV, duc de Bourgogne, mit hors de sa puissance le prince Robert, son fils, en 1272, avant de lui faire donation entre-vifs de son duché. « Il commença par l'émanciper pour le mettre en état de jouir » de ses revenus, ce qu'il fit le samedi après la Saint-Luc » de la même année (2). » Tel était le droit commun. Laurière cite les lettres par lesquelles Charles IV le Bel autorisa Charles de Valois, son oncle, à émanciper son fils Louis, âgé de sept ans ; elles semblent calquées sur le droit Romain. — L'acte d'émancipation était passé en général pardevant les officiers du bailliage ; les princes souverains eux-mêmes ne croyaient pas pouvoir s'affranchir de la comparution en justice. Le président Bouhier indique les formalités usitées : « Dans » un formulaire de pratique, dit-il, qu'a dressé il y a » plus d'un siècle un lieutenant-général au bailliage de » Châlons, il est dit que toutes émancipations d'enfants » nobles doivent se faire par-devant les lieutenans au

(1) Simonnet, Revue historique du Droit, 1868, page 530. — (2) Dom Plancher, Hist. de Bourgogne, tome 2, page 36.

» bailliage et en frappant l'enfant sur la tête ou à la joue, » après avoir dit qu'il est mis hors de la puissance pater- » nelle et jouit de ses droits. J'ai vu un pareil acte de l'an » 1511 où il est dit seulement que le père tenant les mains » de ses enfants entre les siennes les a émancipés et mis » hors de sa puissance (1). » Les actes consignés dans les protocoles des notaires constatent en général la demande d'émancipation formulée par le fils, la déclaration du père devant le magistrat compétent, une donation qui est causée *in præmium emancipationis*. Le cérémonial est plus ou moins expressif et a pour objet d'accentuer et de traduire aux yeux la séparation des intérêts des deux parties. — Il y a des actes d'émancipation où le père met hors de sa puissance son fils et sa fille en coupant un morceau de pain en deux parties dont les enfants reçoivent la moitié ; cette formule est la mise en action de l'expression coutumière : *mettre hors de pain et pot*, synonyme de l'émancipation. « Les mots celle, domicile, pain et pot sont pris pour la » puissance sur les enfants, et, pour marquer que des en- » fants estoient émancipés, on a dit qu'ils estoient hors de » celle ou hors de pain et pot 2. » — En Languedoc, Denizart nous dit que le fils se met à genoux devant son père, les mains jointes entre les siennes et le prie de l'émanciper. Le père disjoint les mains de son fils, le relève et l'embrasse en déclarant qu'il consent à l'émancipation : le juge donne alors acte de l'émancipation et il en reste minute. — D'après le droit commun des pays de droit écrit et des coutumes qui avaient adopté la *patria potestas* romaine, l'émancipation par jugement est la forme la plus usitée :

---

(1) Bouhier, Cout. Bourgog. tome 1, page 491. — (2) Glossaire du Droit français. v° *mise hors de pain*.

tout juge est compétent pour la recevoir. Cependant, plus anciennement, Beaumanoir nous dit que l'intervention de la justice et de la famille n'était nécessaire que si l'un des ascendants de l'enfant était décédé. « Nos disons » que si le père ou le mère le met hors d'entor soi et lor » baille tout ce qui lor est venu de par le mort en muebles » et en héritages, sans retenir, ils sont hors de mainburnie » et de le compaignie. Et qui le fet en cette manière il le » doit fère par justice ou par les amis de ses enfants (1). »

On peut émanciper les enfants même en leur absence. A Rome, le père devait conférer l'émancipation en personne, puisqu'il y avait là un *actus legitimus*. On s'est demandé alors si elle pouvait avoir lieu devant notaires. D'après Bouhier, il faut s'en tenir à la règle qui veut qu'elle ne puisse être valablement faite qu'en jugement ; c'est l'usage le plus ancien et le plus répandu. Il s'agit ici de l'état d'un enfant et de l'intérêt de ceux qui peuvent avoir à traiter avec lui, or il est à propos que l'acte en soit connu de tout le monde. Un arrêt du 13 août 1677 porte que le père bailliste jouit des revenus de ses enfants, même après leur puberté, jusqu'à ce qu'ils soient émancipés par *justice*, par *mariage* ou par leur *séparation d'avec leur père ;* il n'est nullement question des notaires. — L'opinion contraire soutient que l'émancipation pouvant, comme nous le verrons plus loin, résulter de l'habitation séparée, c'est-à-dire du consentement tacite du père, devait *à fortiori* résulter de la volonté expresse de celui-ci déclarée devant notaires. L'émancipation est d'ailleurs un acte purement volontaire passé entre le père et le fils, or les notaires sont compétents pour recevoir ces sortes d'actes. Ce système finit par

(1) Cout. Beauvoisis, chap. 21, de Compaignie, §§ 20 et 21.

être suivi dans tous les parlements de droit écrit qui l'avaient autrefois combattu, mais il était repoussé en Alsace et dans les coutumes du nord et du centre. Le parlement de Besançon ne l'admet que dans le cas où l'émancipation avait lieu par contrat de mariage, tandis que d'autres coutumes exigeaient que l'acte notarié fût homologué en justice.

L'émancipation était personnelle à celui qui l'obtenait, elle ne profitait pas à ses enfants. Elle devait être générale et illimitée, tant dans son objet que dans sa durée ; il eût été contraire à la loi et à la raison que les qualités de père et de fils fussent réunies sur la même tête. Cependant quelques parlements, notamment celui de Provence, avaient admis, sous le nom d'*habilitation*, une sorte d'émancipation *ad hoc* faite devant notaire et qui avait pour but de permettre au fils de famille d'administrer ou d'aliéner ses biens adventices. — L'enfant peut être émancipé à tout âge dans les pays qui admettent la *patria potestas* romaine ; car, dans les autres, l'émancipation les libérant simplement de la tutelle devient inutile après leur puberté. Quant à la majorité, elle n'était pas la même dans les pays de droit écrit que dans les pays coutumiers. Dans les pays où existait la *patria potestas* romaine, l'émancipation ne concernait que les enfants légitimes; car les bâtards n'étaient pas sous la puissance paternelle, ne faisaient partie d'aucune famille aux yeux de la loi.

L'émancipation expresse pouvait encore avoir lieu par *lettres royaux*, qui étaient des *lettres de bénéfice d'âge*, et se demandaient dans les pays coutumiers en la grande chancellerie ou en celle du parlement local. Par l'obtention de ces lettres, les parents du mineur peuvent abréger le temps de la tutelle; mais il faut qu'ils donnent leur avis sur l'émancipation et que le mineur soit capable d'adminis-

BIBLIOTHÈQUE NATIONALE

trer ses biens. Ces lettres une fois obtenues, le mineur devait les faire insinuer au bureau de son domicile, puis le juge les entériner sur l'avis des parents attestant la capacité du mineur. L'avis doit être sans restriction ni limitation, à peine de nullité. Sauf des cas exceptionnels abandonnés à l'appréciation du juge et des parents, cette émancipation ne s'accorde pas avant l'âge de dix-huit ans pour les garçons et seize ans pour les filles. Elle met fin à la tutelle, le mineur peut se gouverner lui-même et administrer ses biens, si on l'en juge capable : c'est la *venia ætatis*.

Dans les pays de droit écrit et les coutumes qui avaient conservé la *patria potestas*, il n'était pas nécessaire, pour demander l'émancipation, d'avoir obtenu du prince des lettres de bénéfice d'âge ; des arrêts du conseil de 1684 avaient affranchi ces pays de cette formalité. Il suffisait au mineur de réunir ses plus proches parents en conseil de famille, de demander leur avis, et, s'il était favorable, de le faire homologuer par le juge de son domicile.

Toutes ces formalités étaient exigées, à peine de nullité. Si, par exemple, le mineur avait des biens en France et aux colonies, il lui suffisait, pour être émancipé, de faire entériner les lettres par le juge de son domicile ; cet entérinement dans un endroit produisait son effet dans tous les autres, pourvu que les lettres eussent été insinuées dans tous les siéges où le mineur avait des biens. Sinon, il n'était émancipé que dans le pays où avait eu lieu l'entérinement.

§ 2. — *Emancipation tacite.*

L'ancienne législation était sur ce point pleine de difficultés et d'incertitudes, la plus grande divergence existait entre les pays coutumiers et les pays de droit écrit. Il est impossible de poser un principe général, on peut seulement ramener les causes d'émancipation usitées dans notre ancienne France à quatre principales : l'*habitation séparée*, la *promotion à certaines dignités*, le *mariage*, l'*âge*.

I. *Habitation séparée.* — C'est de la Novelle xxv de l'empereur Léon que notre ancien droit a tiré ce mode d'émancipation. La demeure prolongée du fils de famille hors de la maison paternelle faisait présumer l'émancipation, pourvu que le fils eût agi sans opposition de la part de son père. L'existence d'un domicile à part et d'une vie indépendante était donc une condition indispensable : les coutumes de Bretagne et de Saintonge exigeaient même, pour que l'habitation séparée emportât émancipation, que le fils eût atteint vingt-cinq ans au moment où il quittait son père. Dans les pays où, comme nous le verrons plus loin, le mariage n'émancipe pas, la fille mariée n'était plus non plus émancipée par cela seul qu'elle n'habitait plus avec son père, puisque celui-ci ne pouvait l'empêcher de suivre son mari. Il en était de même pour les ecclésiastiques et les magistrats pourvus de bénéfices ou d'offices obligeant à résidence, pour les fils de familles obligés de s'éloigner pour aller étudier dans les Universités; car c'était la volonté formelle de la loi et non plus le consentement tacite du père qui autorisait alors l'enfant à avoir un domicile distinct. C'est ce que fait bien ressortir le passage suivant des *Assises de Jérusalem*, à propos des étudiants; «S'il avient que le fils » d'aucun homme et qui est en son poier et par sa volonté, » est en escole alés pour aprendre aucune science, la rai- » son juge et commande que le père ou la mère de celuy » sont tenus de poier ce qu'il a emprunté pour son vivre » ou son maistre poier (de même pour ses contrats et ses » délits). Mais si ces fils n'est soute sa subgession, mais est

» par luy hors des biens de son père ou il a devisée chose » des biens du père, à céans dou fils, ou par cort ou sans » cort, si con est ce il est d'aage et a pris femme et a enfans; » bien juge la raison que li pères ni la mères ne sont puis » tenus de riens que celui fasse. Telle est la coutume de » Jérusalem. ». — Ce mode d'émancipation était fondé sur ce motif que le père, en consentant à ce que son fils eût une habitation séparée, avait voulu par là lui conférer le bénéfice de l'émancipation. Si donc la séparation pouvait s'expliquer par une autre raison, cette présomption de volonté de la part du père n'avait plus de fondement, et l'enfant n'était pas émancipé, quelque longue qu'eût été cette séparation.

On avait admis une règle particulière pour les commerçants. Certains auteurs, comme Brodeau, voulaient que, pour faire le commerce, le mineur fût préalablement émancipé. Mais plusieurs coutumes l'autorisaient à faire le commerce et à s'obliger pour le fait de son négoce, sans lui imposer la nécessité d'obtenir aucune autorisation et même sans exiger qu'il fût émancipé.

Plus tard, cette règle fut généralisée par l'ordonnance de 1673 qui, dans son article 6, en fit le droit commun de la France : « Tous négociants et marchands en gros et en détail seront réputés majeurs pour le fait de leur commerce et banque, sans qu'ils puissent être restitués sous prétexte de minorité. » C'était donc l'exercice même de l'état de commerçant qui conférait au mineur une émancipation particulière, restreinte aux actes commerciaux, mais plus étendue dans ses effets que l'émancipation ordinaire, puisque, relativement à ces actes, le mineur avait la même capacité que les majeurs de vingt-cinq ans.

Cette émancipation tacite était considérée comme le résultat d'une véritable prescription, et, comme telle, elle avait un effet rétroactif au moment où avait commencé la possession d'état qui en était la base : le père était présumé avoir consenti du jour où il avait permis à son fils de le quitter. Aussi, dès que le terme de dix ans était atteint, tous les actes faits par le fils, depuis le moment de la séparation, devenaient valables et échappaient à toute demande en rescision.

A cette espèce d'émancipation, il faut rattacher celle qui, en Bourgogne, résultait de ce que le père avait remis à son fils ses biens adventices et lui en avait rendu compte; on tirait de ce fait la preuve que le père consentait à laisser son fils administrer ses biens et vivre hors de sa puissance.

Le silence de la loi romaine sur le point de savoir combien de temps devait durer l'habitation séparée du fils pour qu'il fût émancipé avait fait naître une vive controverse entre les auteurs. Quatre opinions sont en présence : suivant les uns, il suffit d'*un seul instant de raison*; suivant d'autres, le délai doit être d'*un an et jour;* enfin, de nombreux auteurs accordent un délai de *dix ou de vingt ans.*

Le premier système prétend que tous les délais sont arbitraires; que, dès que le père autorise son fils à vivre comme un père de famille, a connaissance de la possession où il est de son état et ne s'y oppose pas, il est présumé l'avoir affranchi de sa puissance. Or, pour cela, nous dit-on, un seul instant suffit. Ce système, qui est celui de la coutume de Reims, ne repose sur rien; car la puissance paternelle ne peut se perdre par un seul instant de raison, il faut que le père manifeste sa volonté persistante, au moins par un certain laps de temps, qu'il puisse connaître le domicile séparé de son fils et la façon dont il s'y comporte. Toutes les lois qui établissent de semblables présomptions exigent un certain temps. Pour que le fils de famille qui s'est mis en possession d'une hérédité soit présumé l'avoir fait du consentement de son père et puisse l'acquérir, il faut qu'il la possède *per longum tempus*. Dans notre espèce, le Code de Justinien veut que le père ait laissé *longtemps* (*cum diu passus sit*) son fils vivre en père de famille.

Aussi beaucoup de coutumes (1) exigent-elles un délai d'un an et jour, comme cela a lieu pour l'homme franc qui devient mainmortable, quand il a tenu pendant ce temps feu et lieu en un lieu de mainmorte. On dit en Bourgogne que les mainmortables communs en biens ne seront tenus pour séparés que s'ils ont vécu séparément pendant an et jour après le partage de leurs biens (2). — Toutefois Bouhier ne croit pas que la coutume de Bourgogne doive s'interpréter de la sorte. En effet, comme elle renvoie au droit écrit pour tout ce qu'elle ne décide pas, c'est ce droit et non le droit coutumier qu'il faut appliquer ; or les lois romaines portent le mot *diu*. Quant à la décision des coutumes de Poitou, Bordeaux, etc..., on ne peut l'étendre ici, puisqu'elles ne parlent que d'un enfant marié. Dans les articles 92 et 98 de la coutume de Bourgogne, qui parlait de l'an et jour, il n'est pas question de faire perdre à un tiers un droit qui lui est acquis, comme au cas d'émancipation tacite ; mais il ne s'y agit que du préjudice que peut se faire à lui-même celui qui change de domicile, et, en cette occasion, il n'est pas étonnant qu'on exige un moindre intervalle de temps.

Les systèmes qui exigent dix ou vingt ans sont ceux des anciens commentateurs : ils étaient enseignés par Accurse. — Pour admettre un délai de vingt ans, on s'appuie sur un texte du Code qui l'indique comme nécessaire à l'esclave

(1) Poitou, art. 312. — Bordeaux, art. 2. — Angoumois, art. 120. — Saintonge, art. 2. — (2) Cout. Bourg., art. 92 et 98.

pour prescrire sa liberté (1). Cette analogie entre l'affranchissement et l'émancipation n'a pas de raison d'être ; car il est peu probable qu'un maître consente aussi facilement à avantager son esclave qu'un père à avantager son fils, et la manumission tacite n'était pas aussi favorable que l'émancipation. — Le délai de dix ans me semble plus rationnel. C'est ainsi que les anciens commentateurs interprètent le mot *dià* ; c'est le système des ordonnances à propos des ratifications tacites et aussi celui des Parlements des pays de droit écrit.

II. *Promotion à certaines dignités.* — L'émancipation tacite, qui résultait de la nomination du fils de famille à certaines dignités dans l'Eglise, l'armée et la magistrature, avait une origine romaine. Justinien avait décidé, sans désigner cet effet légal sous le nom d'émancipation, que la dignité de patrice libérerait de la puissance paternelle ; puis il avait étendu cette faveur aux consuls, préfets du prétoire, évêques, enfin à toutes les dignités qui affranchissaient de la curie.

Dans les pays de droit écrit, l'application de cette Novelle fit longtemps difficulté, parce que, de toutes les dignités qu'elle énumérait, celle d'évêque était la seule qui eût subsisté en France. Aussi, dans l'ordre ecclésiastique, l'épiscopat conserva-t-il le privilége exclusif d'émanciper. Pour les fils de famille qui avaient reçu la prêtrise, la seule faveur qui leur fût accordée par les lois, c'est que l'on considérait comme un pécule castrans tout ce qu'ils acquéraient au service de l'Eglise. Le mineur pourvu d'un office ou d'un bénéfice est émancipé, mais cette émancipation est limitée aux fonctions qu'il remplit. Parmi les charges sé-

(1) Loi 2, liv. VII, tit. XXII.

culières, celles de ministre, secrétaire et conseiller d'Etat, gouverneur de province et lieutenant-général, eurent seules le pouvoir d'émanciper, ces fonctions ayant quelque analogie avec celles des patrices et préfets militaires de Rome ; la charge de trésorier de France n'émancipait pas.

Plusieurs auteurs avaient voulu accorder la même faveur aux magistrats des Cours souveraines; mais leur avis ne prévalut pas dans le Midi, parce qu'il ne pouvait invoquer aucun texte romain : le président Bouhier nous montre les premiers magistrats des parlements soumis au sénatus-consulte macédonien et incapables d'emprunter la moindre somme sans l'assentiment de leur père. Mais l'opinion contraire avait fini par triompher dans les pays coutumiers ; les coutumes de Reims et de Bourbonnais déclaraient que l'émancipation résultait pour le fils de toute promotion à un état honorable, à une fonction publique religieuse ou séculière. Guy-Coquille établit que telle était la commune pratique du royaume.

III. *Mariage.* — A Rome, le mariage de l'enfant n'eut jamais pour effet de le libérer de la puissance paternelle, et cette règle subsista dans la plupart des provinces de droit écrit. Mais le principe de l'émancipation de plein droit des époux emprunté aux usages celtiques et aux lois franques s'était conservé de tout temps dans plusieurs provinces. Il était admis d'une manière absolue dans les pays de droit écrit qui ressortissaient au parlement de Paris, en Bourgogne, dans les villes de Montpellier et de Toulouse en vertu de leurs chartes municipales, et généralement dans tous les pays coutumiers. « Feu et lieu font mancipation, » dit Loysel, et enfants mariés sont tenus pour hors de pain » et pot, c'est-à-dire émancipés. » — Le mariage affranchit aussi de la tutelle dans beaucoup de coutumes, notamment dans la coutume de Paris (art. 239); il en fut de même bientôt dans les pays de droit écrit. Il était, en effet, naturel que le mineur considéré par ses parents comme capable de devenir chef de famille et de gouverner son ménage fût à plus forte raison regardé comme capable d'administrer ses biens et toucher ses revenus.

Dans les pays où il émancipe, le mariage émancipe de plein droit et irrévocablement. « Le mariage, dit Meslé, » fait cesser la tutelle d'une façon aussi parfaite que les » lettres du prince, puisque, quand le mariage vient à se » dissoudre par la mort d'un des conjoints, le survivant » reste toujours émancipé. » Cependant la question avait été discutée et certains auteurs se fondant sur le droit romain avaient soutenu que l'émancipé qui devenait veuf retombait en puissance; mais leur avis ne prévalut pas.

La maxime coutumière suivant laquelle le mariage émancipait souffrait encore quelques difficultés dans le cours du XIVe siècle; il résulte en effet de certains actes que le fils a besoin de l'autorisation de son père pour s'obliger. Il est vraisemblable que l'émancipation ne résultait du mariage que dans le cas où le fils de famille prenait un domicile séparé. D'ailleurs, il arrivait souvent que, dans un contrat de mariage, on stipulait une sorte d'association entre les futurs et leurs ascendants; dans cette situation, l'obligation de restituer les deniers de la dot de la jeune femme ne pouvait être contractée par le mari que du consentement de son père qui s'y obligeait en même temps. La conséquence rigoureuse de la règle suivant laquelle le mariage emportait émancipation eût été que l'enfant marié établi hors du domicile paternel fût considéré comme étranger à la famille et ne pût réclamer aucun droit à la succession de ses ascendants. On appliquait ce principe aux filles dotées de père et de mère, lorsqu'elles avaient des frères; si, au contraire, la famille ne se composait que de filles, elles venaient toutes au partage de la succession de leurs ascendants, à la charge toutefois de rapporter ce qu'elles avaient reçu en mariage.

Bien que le père ne puisse, en principe, être forcé d'émanciper son enfant, il y a des cas où, dans les pays où le mariage émancipe, les ordonnances permettent aux enfants ayant atteint un certain âge de se marier malgré leur père, sans pour cela s'exposer à l'exhérédation.

Il restait cependant entre les coutumes de nombreuses divergences relativement à l'étendue et aux effets de cette émancipation tacite. Ainsi, dans le ressort du parlement de Besançon, le mariage n'émancipait pas les enfants mâles; il n'avait cet effet qu'à l'égard des filles, parce qu'il les faisait passer sous la puissance de leur époux. Encore ce bénéfice n'était-il pas accordé aux filles de la ville de Besançon qui ne suivait pas la coutume de Franche-Comté, mais uniquement les lois romaines.

La coutume de Poitou (art. 312 et 313) déclare que toutes les filles sont émancipées de plein droit par le mariage. Pour les fils mineurs, elle distingue : le fils noble marié reste soumis à la puissance de son père même après son mariage et n'en peut être libéré que par une émancipation expresse, le fils roturier n'est émancipé qu'après l'an et jour. — La coutume de Bretagne (art. 527) restreignait les effets de l'émancipation par mariage; elle donnait seulement à l'émancipé le droit de jouir de ses biens et le laissait pour tous autres actes sous l'autorité paternelle.

Enfin la coutume de Saintonge (art. 2) subordonnait l'émancipation à deux conditions : la première, que l'époux noble fût âgé de vingt-un ans et l'époux roturier de vingt-cinq ans; la seconde, « qu'il se tienne hors de son père et fasse son train et négociation pour lui. » Plusieurs autres s'appuyant sur l'autorité de Dumoulin prétendaient que cette dernière condition devait être sous-entendue dans toutes les coutumes et voulaient en faire le droit commun des pays coutumiers qui avaient conservé la *patria potestas*. Mais ce système était inadmissible ; car il eût rendu à peu près inutiles toutes les dispositions sur l'émancipation par mariage, l'habitation séparée suffisant à produire ce résultat, et il violait le texte des coutumes en confondant en une seule deux facultés qu'elles distinguaient formellement.

IV. *Age.* — L'émancipation tacite par l'âge n'était pas une règle générale. Le principe romain qui déclare que le père ne peut être forcé d'émanciper ses enfants, quel que soit leur âge, avait été conservé dans tous les pays de droit écrit. « On y voit, dit Argou, des hommes de soixante ans » qui sont encore en la puissance de leurs pères et ne sont » pas libres d'emprunter la moindre somme sans leur con- » sentement. »

Parmi les coutumes qui avaient adopté la puissance paternelle romaine, celles de Douai, de Lille et de Bourgogne avaient, après quelques controverses, consacré ce principe rigoureux. « La pratique de l'émancipation, dit le président » Bouhier, justifie pleinement que la puissance des pères » est parmi nous toute autre chose que cette révérence pa- » ternelle dont les liens nous sont communs avec toutes » les nations et dont les devoirs sont puisés dans la loi » naturelle. Car il n'y a aucune émancipation qui puisse » affranchir les enfants de cette révérence, puisque les » lois établies par la nature sont éternelles et immua- » bles (1). » Mais tel n'était plus le droit commun, et la

---

(1) Cout. Bourg. tome 1, page 180.

plupart des coutumes faisaient cesser la puissance paternelle dès que le fils de famille avait atteint un certain âge. Les auteurs posaient en principe que l'enfant devait être émancipé tacitement dès qu'il avait atteint vingt-cinq ans; les coutumes de Berry, d'Angoumois et autres le décidaient formellement. Celles de Bourbonnais, Sedan, Reims, Châlons, Metz et Montargis faisaient même cesser la puissance paternelle dès que l'enfant avait vingt ans; mais elles ne lui donnaient le droit d'aliéner ses immeubles que quand il avait atteint sa majorité, c'est-à-dire vingt-cinq ans. La coutume d'Amiens (art. 135 et 136) déclarait l'enfant émancipé de plein droit dès qu'il avait vingt ans accomplis; il prenait alors l'administration de ses biens sans aucune formalité préalable. De même, les coutumes de Ponthieu et d'Artois avaient fixé l'émancipation légale à quatorze ans accomplis pour les garçons et onze ans pour les filles.

Les coutumes d'Anjou (art. 444) et du Maine (art. 455), consacraient un régime spécial : à vingt ans, l'enfant prenait l'administration de ses biens et pouvait disposer même de ses immeubles. Il n'y avait pas là cependant une majorité complète, comme en Normandie, mais seulement une émancipation donnant des droits plus étendus que dans les autres coutumes. Ainsi, à vingt ans, le mineur pouvait aliéner et hypothéquer tous ses biens sans être assisté d'un curateur; mais Dumoulin décidait que tous les actes de disposition de ses immeubles pouvaient être rescindés pour lésion, quelque minime qu'elle fût, tant que le disposant n'avait pas vingt-cinq ans.

CHAPITRE III

Effets de l'Émancipation.

L'émancipation produit deux effets : effets relativement à la personne, d'après lesquels l'enfant affranchi de la puissance paternelle ou de la tutelle est maître de se gouverner lui-même ; effets relativement aux biens, d'après lesquels l'émancipé en a la libre administration. Étudions-les successivement.

SECTION I. — EFFETS RELATIFS A LA PERSONNE

Dans les pays qui ont la *patria potestas*, l'émancipation a pour résultat d'en délivrer l'enfant et de le rendre capable de tous les actes de la vie civile, sans avoir besoin de l'autorisation paternelle. L'émancipé cesse donc d'être sous la garde de son père, il peut se choisir un domicile propre et devient maître de sa fortune et de ses actions. Cependant l'enfant n'a l'exercice de ses nouveaux droits qu'autant qu'il a atteint sa majorité lors de son émancipation; s'il est encore mineur, il entre sous la tutelle ou sous la curatelle de son père jusqu'à vingt-cinq ans. En outre, certains attributs de l'autorité paternelle survivent à l'émancipation; ainsi l'enfant continue de devoir à son père des aliments, il doit obtenir son consentement lorsqu'il veut se marier avant vingt-cinq ou trente ans, selon son sexe, ou au moins lui demander conseil après cet âge (1).

---

(1) Édit contre les mariages clandestins (art. 5), février 1556.

Enfin le père en émancipant son fils conserve comme à Rome l'usufruit de la moitié des biens adventices, à moins que l'émancipation ne lui ait été imposée par le juge. Denizart dit qu'il ne peut y renoncer au préjudice de ses créanciers, car il y a là une réserve légale établie en sa faveur; mais la question était discutée. — L'usufruit du père porte sur tous les biens échus au fils avant son émancipation, mais que décider pour les biens maternels qui lui arrivent depuis? Le Code le donne au père (2), mais il semble d'autre part qu'un père ne peut acquérir aucun droit du chef d'une personne libre, comme est l'émancipé; aussi les auteurs étaient-ils partagés. Accurse distingue entre les biens provenant de la succession maternelle et les autres biens adventices. Dunod dont l'avis était généralement admis suit à cet égard le texte du Code; il nous dit que l'usufruit est ici accordé au père pour le consoler de la perte de sa femme.

L'émancipation ne faisait pas seulement cesser la tutelle, elle mettait aussi fin à la garde noble qui appartenait au survivant des père et mère sur leurs fils âgés de moins de vingt ans et leurs filles âgées de moins de quinze ans, et à la garde bourgeoise qui durait jusqu'à quatorze ans pour les fils et douze ans pour les filles.

SECTION II. — EFFETS RELATIFS AUX BIENS

Sous cette rubrique qui terminera cette étude sur l'émancipation dans l'ancien droit français, nous nous occuperons successivement de la curatelle et de la capacité du mineur émancipé.

§ 1. — *De la Curatelle.*

L'émancipation ne donnait pas au mineur une capacité complète, l'émancipé ne pouvait pas faire seul les actes de disposition les plus importants. C'était pour l'assister dans ces cas exceptionnels qu'on lui nommait un curateur.

Les lettres d'émancipation donnant toujours lieu à une assemblée de parents, il était d'usage que cette assemblée choisit en même temps le curateur : la sentence du juge qui homologuait les lettres entérinait aussi l'acte de nomination. Dans tous les cas, c'était au conseil de famille à choisir le curateur et à le présenter au juge du domicile du mineur. Cependant Denizart affirme que, par souvenir de la règle romaine : *inviti adolescentes curatores non accipiunt*, l'émancipé avait dans les pays de droit écrit la faculté de choisir lui-même son curateur. En principe, la curatelle était donc toujours dative, et les ascendants à qui était déférée la garde noble ou bourgeoise de leurs enfants n'étaient cependant curateurs qu'autant qu'ils avaient été nommés expressément. On n'admettait d'exception qu'en faveur du mari qui était le curateur légitime de sa femme mineure. — Le curateur devait se présenter devant le juge dont il tenait ses pouvoirs et prêter serment de bien et fidèlement gérer la charge qui lui était confiée. Il devait en outre faire insinuer l'acte de nomination au domicile de l'émancipé, et c'est de ce jour seulement qu'il devenait capable d'exercer ses fonctions.

Comme la tutelle, la curatelle était de droit public. Les causes d'excuse et les règles de dévolution de la tutelle lui étaient donc applicables : ainsi elle était déférée ordinairement au plus proche parent du mineur, parce qu'il a le plus d'espérance de lui succéder, et presque toujours on en chargeait l'ancien tuteur ou le père de l'émancipé. Parmi les femmes, la mère et l'aïeule pouvaient seules être appelées à la curatelle de leurs descendants ; mais elles la perdaient en se remariant.

Les attributions du curateur ont varié avec les époques ; mais elles ont toujours été dominées par ce principe que le curateur n'a aucun pouvoir sur la personne de l'émancipé et qu'il n'est donné qu'aux biens. A l'origine, il n'avait pour mission que d'assister le mineur en justice ; d'où son nom de *curateur aux causes*. Quand le mineur émancipé voulait aliéner ses immeubles, il devait se faire nommer un tuteur à l'effet de l'autoriser. Mais on abandonna bientôt cette complication inutile : Pothier nous dit que l'usage s'établit de préposer le curateur, par l'acte même qui le nommait, afin d'assister l'émancipé dans toutes les aliénations de ses immeubles. Il devint ainsi tuteur aux actions immobilières ; et, comme l'acte d'émancipation pouvait restreindre davantage la capacité de l'émancipé, il pouvait se trouver muni de pouvoirs divers, comme nous le verrons en parlant de la capacité de l'émancipé.

Dans les pays de droit écrit, l'enfant sorti de tutelle à douze ou quatorze ans, selon son sexe, acquit seulement la faculté de tester et continua pour tous les autres actes à recevoir un curateur comptable jusqu'à sa majorité ; ce fut même, d'après Jean Desmares, le droit primitif de toute la France. Mais dans les coutumes qui fixent la majorité à vingt-cinq ans, la tutelle durant jusqu'à cette époque, il n'y avait plus de curatelle. Cette disposition finit par devenir générale et fut aussi adoptée dans le midi : le tuteur nommé au pupille conserva ses pouvoirs jusqu'à ce que celui-ci eût atteint vingt-cinq ans, d'où cette règle de

Loysel : *Tuteur et curateur n'est qu'un* (1). C'est ce que dit encore plus explicitement la coutume du Nivernais : « Les *tuteurs* testamentaires, légitimes ou datifs, décrétés par justice, après ladite tutelle finie et la puberté advenue desdits mineurs demeurent *curateurs* d'iceux mineurs jusqu'à l'âge de vingt-cinq ans parfaits (2). »

§ 2. — *Capacité du mineur émancipé.*

L'émancipation avait pour principal effet de donner au mineur la libre administration de ses biens. Désormais les biens qu'il acquiert ne profitent qu'à lui et non plus à son père, les diverses incapacités relatives à son droit de disposition cessent. Il a vis-à-vis de son père une personnalité propre, les donations entre-vifs sont maintenant permises entre eux, comme toutes autres obligations civiles. Il est maître de sa fortune mobilière et peut en disposer par donation à cause de mort ou testament ; il peut faire seul des baux et n'est dans ce cas restituable que pour dol ou lésion énorme accompagnée d'un certain dol de la part du fermier ou du locataire. Il reçoit seul ses revenus échus, en donne décharge et en fait transport ; il peut aussi recevoir un capital mobilier et en donner décharge, sauf pour le reliquat de son compte de tutelle, louer une maison pour l'habiter. Il a le droit de s'engager par promesse ou obligation, pourvu que l'engagement n'excède pas ses revenus ; sans quoi, il serait restituable *in integrum*. Il serait également restituable s'il avait contracté plusieurs

---

(1) Inst. cout., liv. I, tit. IV, § 5. — (2) Cout. Nivernais, tit. XXX, art. 8.

engagements indiquant la dissipation; les créanciers ne pourraient même pas éviter la restitution en offrant de se contenter du mobilier et des revenus échus, parce que l'émancipé a de prime abord excédé les bornes de sa capacité. Le mineur ne peut disposer de ses revenus à échoir à peine d'être restitué *in integrum*, ni recevoir le reliquat de son compte de tutelle sans un curateur ou un tuteur *ad hoc*, suivant l'usage. Un tuteur *ad hoc* lui est encore nécessaire pour recevoir le remboursement d'une rente constituée, puisqu'il s'agit d'un immeuble, accepter ou répudier une succession, même mobilière, une universalité de meubles étant immeuble. — Il peut emprunter, s'il a d'ailleurs l'âge requis. — Dans la coutume de Poitou, il y avait divergence entre les auteurs relativement à la capacité d'un mineur non marié émancipé expressément; suivant les uns, il est alors maître de ses droits sans avoir besoin de lettres du prince; suivant les autres, ces lettres lui sont nécessaires pour pouvoir administrer ses biens. — Il arrive souvent qu'un père n'émancipe son fils que pour l'habiliter à disposer en sa faveur au préjudice de ses réservataires; on n'annulera néanmoins les dispositions ainsi faites par le fils que si la suggestion est bien prouvée.

Malgré cela la capacité de l'émancipé était loin d'être complète; les deux principales restrictions qu'y mettaient les lois étaient relatives au droit d'agir en justice et à l'aliénation des immeubles.

L'émancipé ne pouvait jamais ester seul en justice, ni comme demandeur, ni comme défendeur, excepté au criminel. Dans tous les procès civils concernant son état et sa fortune mobilière ou immobilière, il devait être assisté de son curateur. La coutume de Paris faisait une exception à cette règle, en permettant au mineur émancipé par mariage de plaider seul dans les actions mobilières ou concernant l'administration. Lors donc qu'on assignait un émancipé, il fallait assigner aussi le curateur pour qu'il prêtât son assistance. Mais, le rôle de celui-ci se réduisant à assister le mineur, tous les actes de procédure doivent être faits au nom du mineur, comme autorisé de son curateur; c'est à lui-même, non au curateur, que les significations de la partie adverse doivent être adressées.

L'émancipé n'avait pas non plus le droit d'aliéner ou hypothéquer seul ses immeubles ni de vendre ses nègres (Déclarat. 1673, art. 11). Pour accomplir ces divers actes, il devait être assisté de son curateur, avoir en outre pris l'avis de ses proches parents et obtenu du juge un décret qui autorisât l'aliénation.

La capacité de l'émancipé subissait encore d'autres restrictions admises dans certaines coutumes ou consacrées par une ancienne jurisprudence. Ainsi la coutume de Bretagne défendait aux mineurs émancipés par mariage de constituer rentes ou hypothèques, vendre ou arracher grands bois, ni prendre avance pour plus d'un an sur leurs revenus (art. 527). D'autre part, Pothier dit que la sentence d'entérinement apportait souvent des restrictions au droit pour l'émancipé de disposer seul de ses meubles. Elle décidait, par exemple, que les sommes provenant du compte rendu par le tuteur et le mobilier à échoir par succession à l'émancipé seraient remises entre les mains du curateur pour être par lui employées en acquisition d'immeubles ou de rentes. Argou soutient de même que les débiteurs des émancipés ne peuvent pas leur payer valablement le capital de leurs créances ni leur rembourser une rente sans le consentement du curateur.

Quand un de ces actes avait eu lieu sans observer les formalités exigées par la loi ou la coutume, le mineur pouvait demander des lettres de rescision en prouvant que le contrat en question lui portait préjudice, et il le faisait annuler en justice pour cause de lésion. Cette faculté appartenait même au mari mineur qui avait autorisé sa femme majeure à aliéner ses propres. « Un mari mineur, » dit Loysel, fait autoriser sa femme majeure, sans » qu'elle s'en puisse faire relever, mais bien lui. » Ce droit aurait appartenu aux deux époux si la femme eût été aussi mineure; car alors le mari ne pouvait l'assister que pour les actes de pure administration, et il lui fallait un curateur spécial pour tous les actes de disposition.

En outre, Domat reconnaissait au mineur émancipé qui avait aliéné ses immeubles le droit de demander la nullité de la vente sans être obligé de prouver la lésion; et, comme l'émancipé était toujours mineur, les anciens auteurs lui accordaient l'action en rescision contre tous les actes qui pouvaient lui préjudicier. Mais cette faveur excessive qui eût pu tourner contre le mineur en empêchant les tiers de contracter avec lui avait subi une restriction; Pothier rapporte que de son temps la jurisprudence n'accordait plus l'action en rescision pour lésion, lorsqu'il s'agissait des actes de pure administration de l'émancipé, tels que baux ordinaires, ventes ou achats de meubles. Ce fut là le dernier état du droit.

Révocation de l'émancipation. — Bien qu'elle fût en principe irrévocable, avons-nous dit, l'émancipation pouvait cependant cesser d'avoir effet pour des causes exceptionnelles. — L'émancipé pouvait d'abord être remis en tutelle par voie d'appel de la sentence d'émancipation, lorsqu'un arrêt du juge supérieur infirmait le jugement d'entérinement des lettres de bénéfice d'âge. Il en était de même au cas où il était interdit. — Enfin si le mineur administrait mal son patrimoine, avait une mauvaise conduite, se rendait coupable d'ingratitude, le juge pouvait, après un avis de parents, lui ôter l'administration de ses biens et la confier à un curateur qui devenait désormais comptable de sa gestion. Notre ancienne jurisprudence n'avait d'ailleurs pas à cet égard de règles bien déterminées, une grande latitude d'appréciation était laissée aux magistrats.

DROIT ACTUEL

DE L'ÉMANCIPATION ET DES MINEURS ÉMANCIPÉS

(Code civil, art. 476 à 487, 1305 à 1315.)

Notions préliminaires.

Nous avons vu ce qu'était dans notre ancien droit l'émancipation, quelle était la capacité du mineur émancipé. — Avant d'étudier à ce sujet les dispositions du Code civil, jetons un coup d'œil rapide sur les lois qui de 1789 à 1804 réglèrent l'organisation de la famille et surtout la puissance paternelle.

Les législateurs de cette époque voulurent régir l'autorité du père par des principes nouveaux. Ils ne pouvaient songer à faire revivre les règles de la *patria potestas* romaine, peu conformes au sentiment naturel et fort éloignées de l'état actuel des mœurs et de la civilisation. Seul le droit coutumier imbu des principes germaniques et de l'idée chrétienne avait assis la puissance du père sur ses fondements légitimes et naturels, il eût suffi de quelques réformes secondaires pour satisfaire aux exigences d'une bonne législation. Tel ne fut pas l'esprit qui inspira les législateurs de la Révolution ; séduits par les doctrines de Rousseau, les théories sur la fraternité universelle et toutes les autres utopies qui avaient cours alors, oubliant que l'Etat peut se montrer d'autant moins despotique que l'autorité du père est plus forte, ils relâchèrent de plus en plus les liens de la puissance paternelle. — Le décret des 16 et 24 août 1790 (art. 15 et 16) commença par enlever au père son droit personnel de correction ; il ne put faire enfermer son enfant qu'après avoir obtenu le consentement d'un tribunal de famille composé des huit plus proches parents ou amis et l'autorisation du président du tribunal civil. L'Assemblée législative par décret du 28 août 1792 déclara que les majeurs ne seraient plus soumis à la puissance paternelle; et le décret du 20 septembre suivant (art. 2) qui fixa la majorité à 21 ans accomplis, décret confirmé par un autre de la Convention du 31 janvier 1793, décida que les mineurs seuls seraient désormais obligés d'obtenir le consentement de leurs parents pour se marier, sans que ceux-ci pussent en aucune manière y former opposition. Enfin, le décret du 17 nivôse an II (art. 16) vint encore porter une grave atteinte à l'autorité paternelle et lui enlever une de ses sanctions les plus efficaces, en restreignant au dixième des biens la faculté laissée aux ascendants de disposer au préjudice de leurs descendants. Il ne restait plus au père qu'une ombre de puissance sur ses enfants, et, si l'on ajoute que le décret du 12 brumaire an II (art. 2) avait donné rétroactivement aux enfants naturels les mêmes droits qu'aux enfants légitimes, que le divorce était pour ainsi dire encouragé par le législateur, on verra dans quel état de désorganisation profonde l'esprit révolutionnaire avait fait tomber la famille française.

Le Code civil, tout en maintenant le divorce, essaya de réparer le funeste effet de ces aberrations et de rendre à la famille une constitution plus morale et plus solide. Il restitua à la puissance paternelle ses attributs légitimes et chercha à concilier dans une juste mesure le principe de la liberté individuelle avec celui non moins sacré du respect et de l'obéissance dus aux parents : sauf quelques modifications, il revint aux principes du droit coutumier.

Il a fait de la puissance paternelle une institution destinée à sauvegarder à la fois l'intérêt de l'enfant, celui des parents et celui de l'État. Toutefois l'avantage de l'enfant est le but principal et prédominant : « Dans la puissance paternelle, disait M. Leroy au Corps législatif, nous reconnaissons ce que la nature la fit, une puissance d'amour et de protection. » Toutes les dispositions de la loi tendent plus ou moins directement à assurer le bien-être matériel et le progrès moral et intellectuel de l'enfant. Le pouvoir des parents se résume dans les droits de garde, de correction, d'éducation, d'administration et d'usufruit légal jusqu'à un certain âge ; mais l'enfant, à tout âge, est obligé de consulter ses parents pour se marier, et l'article 371 du Code civil proclame qu'il doit pendant toute sa vie honneur et respect à ses père et mère.

L'intérêt de l'État se trouve aussi pleinement sauvegardé par ces dispositions ; car la famille est l'élément primitif de la société et c'est au père qu'est remis le gouvernement de la famille. En reconnaissant à la puissance paternelle ses attributs légitimes et nécessaires, la loi a donc pourvu à sa mission qui est de préparer de bons citoyens à la patrie et à la société de courageux défenseurs. Comment en effet arriver plus sûrement à ce résultat, qu'en donnant au père le moyen d'inspirer à ses enfants des sentiments de religion, de morale et de justice, et de faire naître en eux le germe de toutes les vertus privées et publiques?

Le Code civil (art. 488) a maintenu pour l'époque de la majorité l'âge de vingt et un ans fixé par les lois révolutionnaires. Jusqu'à cet âge, l'enfant reste dans une dépendance complète et se trouve soumis à la puissance paternelle ou à la tutelle; mais du jour où il atteint sa majorité, il devient maître de sa personne et de sa fortune et passe instantanément à un état d'entière indépendance. On a reproché avec raison à notre Code de n'avoir pas préalablement associé l'enfant à la gestion de son patrimoine et de n'avoir pas créé avant la majorité une position intermédiaire qui eût, par une sorte de noviciat, préparé le mineur à la pratique des affaires. Cette lacune de la loi peut avoir des conséquences graves pour l'avenir de l'enfant; car l'inexpérience et les entraînements de la jeunesse, l'ardeur de jouir de sa liberté d'action le conduiront souvent à abuser d'une situation dont il n'a pas appris à connaître les devoirs, les difficultés et les écueils. Mais le Code offre aux père et mère ou à la famille un moyen de parer à cet inconvénient; par l'émancipation, le mineur peut être associé au gouvernement de son patrimoine, de telle sorte qu'il y aura un intervalle de demi-capacité entre l'époque où l'enfant est complétement incapable et celle où il acquiert une capacité entière.

Ceci posé, nous pouvons définir l'*émancipation : un acte juridique qui affranchit un mineur soit de la puissance paternelle, soit de la tutelle, soit de l'une et de l'autre puissance à la fois.* Cette expression est toute romaine; elle s'est perpétuée jusqu'à nous, quoiqu'elle représente, dans son acception primitive, des institutions avec lesquelles nos lois et nos mœurs françaises n'ont absolument rien de commun.

L'*émancipation*, à Rome, faisait seulement cesser la puissance paternelle, et, loin de mettre fin à la tutelle, elle y donnait au contraire ouverture, lorsque le fils de famille émancipé était encore impubère (1). Il en était encore ainsi, avons-nous vu, dans notre ancienne France, dans les pays de droit écrit et même dans certains pays de coutume, où l'on distinguait l'émancipation qui mettait fin à la puissance paternelle de celle qui mettait fin à la tutelle.

Dans la matière de l'émancipation, comme dans tout ce qui concerne l'organisation de la famille, bien que les rédacteurs du Code aient plutôt suivi les principes du droit coutumier que ceux du droit romain, ils se sont cependant en plusieurs points notablement écartés des uns et des autres. Ainsi, par exemple, ils ont rejeté la distinction faite par notre ancien droit de deux sortes d'émancipations, ce qui était une conséquence nécessaire de l'abandon des idées romaines; et ils ont attribué à une institution unique les principaux effets qui résultaient autrefois de deux institutions distinctes.

Nous diviserons cette étude sur l'émancipation en quatre parties et nous verrons successivement : 1° Les conditions et les formes de l'émancipation; 2° la curatelle; 3° les effets de l'émancipation relativement à la capacité du mineur émancipé; 4° la révocation de l'émancipation.

---

(1) Inst. liv. I, tit. XII, § 6.

PREMIÈRE PARTIE

CONDITIONS ET FORMES DE L'ÉMANCIPATION

L'émancipation peut avoir lieu ou de plein droit ou par une déclaration spéciale, ce qui a fait dire qu'il y a deux sortes d'émancipations; l'une *tacite,* l'autre *expresse.*

CHAPITRE I

De l'Émancipation tacite.

Aux termes de l'article 476, « le mineur est émancipé de plein droit par le mariage ».

Cette disposition si conforme à la raison était également commandée au législateur par l'état des mœurs et les habitudes de la société moderne. En devenant chef de famille, l'homme a besoin d'une certaine indépendance; appelé à exercer les puissances maritale et paternelle, il ne saurait sans une contradiction manifeste rester soumis à l'autorité de son père ou d'un tuteur. De même, la position nouvelle que le mariage fait à la femme doit changer ses devoirs et ses relations dans la famille, l'autorité que le mari acquiert sur son épouse est incompatible avec toute autre puissance. Le consentement donné au mariage du mineur par ceux que la loi charge de ce soin est une garantie de la raison et de la maturité qu'ils ont reconnues en lui. Il suffit, non-seulement quand il émane du père et de la mère, mais aussi quand les ascendants ou le conseil de famille sont appelés à le donner. De telle sorte que l'émancipation se trouve ainsi conférée indirectement par les aïeuls ou aïeules qui n'auraient pas le pouvoir de la conférer directement, et qu'elle peut être conférée par le conseil de famille d'un mineur âgé de moins de dix-huit ans à qui il ne pourrait pas non plus directement la conférer. Ceci s'explique par la faveur du mariage; c'est la loi elle-même qui confère ici au mineur l'émancipation *de plein droit*.

L'émancipation est de l'essence du mariage, elle en est la conséquence immédiate et nécessaire. Aucune clause ou déclaration quelconque n'est exigée à cet égard ; bien plus, aucune clause ou déclaration ne pourrait empêcher ou modifier cette disposition de la loi. L'article 476 contient à cet égard une règle d'ordre public, comme toutes celles qui régissent l'état et la capacité des personnes. Y déroger, ce serait aller contre l'intention du législateur et abuser de la faveur du mariage ; car il faut que l'époux mineur assure désormais la responsabilité de ses actes et ne puisse pas se décharger sur autrui des obligations et des devoirs de son état.

L'âge du mineur n'est nullement à considérer, il suffit qu'il soit marié; quand même il aurait eu besoin pour se marier d'une dispense d'âge (art. 144 et 145), le mariage n'en produirait pas moins l'émancipation, comme tous ses autres effets légitimes.

Enfin l'émancipation tacite par mariage est irrévocable, ce qui n'a pas lieu pour l'émancipation expresse : aucun événement ultérieur ne peut en enlever le bénéfice à l'époux devenu veuf avant sa majorité, qu'il ait ou non des enfants. L'article 470 nous dit en effet que le mineur est émancipé *par* le mariage, non *pendant* le mariage. Cette émancipation ayant eu lieu de plein droit sans aucune condition, le mineur ne pourrait rentrer en tutelle ou sous la puissance paternelle qu'en vertu d'une disposition formelle de la loi; or il n'en existe aucune. Les motifs qui ont déterminé le législateur à accorder l'émancipation subsistent toujours, la présomption de capacité conserve toute sa force à l'égard de l'époux survivant, surtout s'il est à la tête d'un ménage, d'un établissement, s'il a des enfants.

Il en serait autrement si le mariage venait à être annulé; car les époux mineurs ont alors profité sans droit du bénéfice de l'émancipation. Le jugement qui annule le mariage détruit rétroactivement leur union et les fait rentrer sous la puissance paternelle ou en tutelle; mais, tant qu'il n'est pas rendu, le mariage subsistant, les époux doivent être considérés comme émancipés. Aussi la Cour de Turin (14 juillet 1807) a-t-elle décidé qu'une femme mineure qui demande la nullité de son mariage doit procéder, non avec l'assistance d'un tuteur, mais avec celle d'un curateur.—Toutefois au cas d'un mariage putatif, l'époux mineur de bonne foi devra être considéré comme émancipé de plein droit (art. 201).

Le Code n'a consacré que ce seul mode d'émancipation tacite. Par là, il a rejeté implicitement ceux que produisaient dans notre ancien droit l'habitation séparée et la promotion à certaines fonctions publiques. Il n'a pas admis davantage l'émancipation de plein droit que les coutumes prononçaient, avons-nous vu, quand l'enfant avait atteint un certain âge. Cependant le projet de Code avait d'abord maintenu cette règle en faveur du mineur âgé de dix-huit ans qui n'avait plus ni père ni mère; mais, dans la discussion, Cambacérès fit rejeter cette disposition, parce qu'il n'y avait plus entre la majorité actuelle et l'âge de dix-huit ans la proportion qui existait entre ce dernier et l'âge de vingt-cinq ans, époque de la majorité ancienne. Il proposa d'y substituer le droit pour le mineur de demander son émancipation lorsqu'il aurait dix-huit ans et de faire statuer par le tribunal. Cet amendement fut adopté au Conseil d'Etat et aucune partie de la discussion n'y est contraire; cependant le texte définitif du Code étant, on ne s'explique pas pourquoi, demeuré muet sur ce point, il ne saurait appartenir à l'interprète de suppléer à ce silence.

CHAPITRE II

De l'Émancipation expresse.

C'est la faculté accordée par la loi à certaines personnes de conférer directement à un mineur une capacité et des droits déterminés. L'étendue et les conséquences de ces droits sont réglées par le Code, ils constituent un état nouveau pour celui qui obtient cette émancipation : aussi ne peut-on en modifier ni en limiter les conditions.

A quel âge, de quelle manière et par qui le mineur peut-il être émancipé? Voilà ce que nous avons à rechercher. Ces trois questions n'en font, à vrai dire, qu'une seule; car la question de savoir à quel âge et de quelle manière l'émancipation peut être conférée au mineur dépend précisément de celle-ci; par qui l'émancipation peut-elle lui être conférée?

A cet égard, nous distinguerons deux hypothèses : 1° Le mineur est en puissance paternelle, c'est-à-dire a encore ses père et mère ou l'un d'eux; 2° il est seulement en tutelle, c'est-à-dire n'a plus ni père ni mère. — Nous dirons en terminant un mot de l'émancipation des enfants illégitimes et des enfants trouvés.

§ 1

I. — Le droit d'émanciper l'enfant est un attribut de la puissance paternelle, il appartient donc en principe aux père et mère et ce n'est qu'à défaut de l'un et de l'autre que la loi l'accorde au conseil de famille (art. 478). « Qui pour-
» rait mieux apprécier le mineur que ceux qui l'ont sans
» cesse sous les yeux, disait M. Leroy au Corps législatif?
» Qui pourrait promettre plus de circonspection dans
» l'exercice même de leur bienveillance que ceux à qui la
» nature a rendu si précieux le bonheur de celui qui en
» sera l'objet? » Ce droit, ils le conservent, bien qu'ils ne gèrent pas la tutelle; il en serait ainsi dans le cas où le survivant des père et mère aurait été exclu ou destitué de la tutelle, où la mère remariée n'y aurait pas été maintenue.

Pendant le mariage, le père ayant l'exercice de la puissance paternelle a seul le droit d'émanciper l'enfant. Son pouvoir est souverain et sans contrôle; personne, pas même la justice, ne peut le contraindre à accorder une émancipation qu'il refuse. Après la dissolution du mariage, c'est au survivant des époux qu'appartient la puissance paternelle et par conséquent le droit d'émancipation : la mère survivante a à cet égard tous les droits qu'avait le père. Son second mariage, avons-nous dit, ne l'empêche pas d'émanciper ses enfants du premier lit; mais elle devra ici se conformer à la règle ordinaire et obtenir l'autorisation de son mari. Si on objecte que la femme exerce seule la puissance paternelle sur ces enfants et que le mari ne peut en aucune façon s'immiscer dans leurs affaires, nous répondrons qu'il est bon de laisser à celui-ci un certain droit de contrôle, afin que la femme ne puisse pas accomplir seule un acte dont les conséquences pécuniaires peuvent atteindre le patrimoine de la famille. Du reste, si le mari refuse son consentement sans motifs, elle pourra toujours, d'après le droit commun, demander l'autorisation du tribunal.

L'époux contre qui la séparation de corps a été prononcée n'en conserve pas moins la faculté d'émanciper ses enfants, puisqu'il ne perd nullement la puissance paternelle. — Il faut décider de même au cas où l'époux qui a le droit d'émanciper a été privé de la garde et de l'éducation de son enfant, car on ne peut arbitrairement créer une déchéance. Mais, comme ici l'usage que l'ascendant ferait de l'émancipation pourrait être funeste à l'enfant et avoir pour but de le faire revenir près de lui, alors qu'on a pris soin de l'en éloigner, nous croyons avec M. Demolombe (tom. 6, § 405) que la personne à qui sa garde aura été confiée pourra se pourvoir devant le tribunal pour faire révoquer cet acte d'émancipation (art. 485, arg. anal.); ce droit pourrait aussi être accordé au mineur lui-même. C'est là une dérogation au principe que l'émancipation, qui ne peut jamais être imposée au père ni à la mère, ne peut pas davantage être attaquée par la famille, le mineur ni la justice elle-même; mais elle paraît suffisamment justifiée par l'intérêt de l'enfant et l'esprit de la loi.

Cette dernière solution nous donne la clef d'une difficulté qui peut se présenter relativement à la question de savoir si l'ascendant qui, aux termes de l'article 335 du Code pénal, a été déclaré déchu de la puissance paternelle conserve le droit d'émanciper son enfant. D'après cet article, l'ascendant condamné pour avoir excité ou favorisé la débauche de ses enfants est privé des droits qui lui sont accordés par le Code civil au titre de la *Puissance paternelle*; or ce titre ne mentionne nullement le droit d'émancipation, et, comme il y a là une pénalité, on ne saurait l'étendre par analogie. Mais cet ascendant étant, par suite de la déchéance qu'il a encourue, privé en même temps de la garde et de l'éducation de son enfant, la question se trouve ramenée à celle que nous venons d'examiner et nous la résoudrons de même.

Un point sur lequel les opinions sont très-partagées, c'est celui de savoir si, dans le cas où le père est seulement dans l'impossibilité d'exercer la puissance paternelle, soit pour cause d'absence présumée ou déclarée, soit pour cause d'interdiction, la mère peut alors émanciper son enfant. La difficulté vient des diverses interprétations que l'on donne de ces mots *à défaut de père* contenus dans l'article 477, et on en compte quatre principales.

La plus rigoureuse enseignée par Toullier et Proudhon prend à la lettre ces expressions *à défaut de père*. Elle refuse dans tous les cas à la mère le droit d'émancipation, celle-ci n'exerçant du vivant de son mari la puissance paternelle que par délégation et en quelque sorte en son nom. On ne saurait donc lui accorder le droit de modifier définitivement l'état de l'enfant et de porter une aussi grave atteinte aux droits du père qui peut reparaître ou revenir à la raison. Ce système s'appuie sur tout le texte de la loi ; car l'article ne dit pas *à défaut du père*, mais *à défaut de père*, ce qui veut évidemment dire : *Quand il n'y a plus de père*. Nous ferons remarquer que l'on ne tient compte ici que de l'intérêt du père et non de celui de l'enfant, ce qui est entièrement contraire à l'esprit de la loi et au but même de la puissance paternelle.

l'émancipation qu'il aurait conférée à son enfant? Il faut, dans ce cas, sans hésiter, donner la solution inverse; car les créanciers n'ont pas le droit d'attaquer ni de critiquer en aucune manière un acte qui constitue, de la part du père, l'exercice d'un droit exclusivement attaché à sa personne (art. 1166). Or, le père qui émancipe son enfant ne renonce pas à son usufruit légal; il exerce son autorité paternelle et l'extinction de l'usufruit n'est que la conséquence légale et tacite de son émancipation. Autrement, il faudrait : ou révoquer l'émancipation, ce qu'aucun texte ne nous autorise à faire et ce dont le père seul est juge; ou maintenir l'émancipation, tout en rendant au père l'usufruit légal, ce qui serait une anomalie, une suppression arbitraire de l'un des effets les plus importants de l'émancipation.

Au cas d'un mariage putatif, le droit d'émanciper l'enfant appartient à celui des deux époux qui a été de bonne foi, puisque c'est lui seul qui a l'exercice de la puissance paternelle; au père, si tous deux ont été de bonne foi.

II. — Après avoir vu qui peut émanciper l'enfant, lorsqu'il a encore ses père et mère ou l'un d'eux, étudions rapidement les formes dans lesquelles cette émancipation peut être conférée.

A quel âge l'enfant peut-il être émancipé? L'art. 477 nous le dit : « Le mineur, *même* non marié, pourra être émancipé » par son père, ou, à défaut de père, par sa mère lorsqu'il » aura atteint l'*âge de quinze ans révolus*. » Notons en passant que la conjonction *même* n'a ici aucun sens; car il est pour le moins inutile de dire que l'émancipation expresse est possible *même* pour le mineur non marié, puisqu'elle n'est possible que pour lui seul. Le législateur a fixé ici l'âge de quinze ans; car il a trouvé, contre le danger d'une émancipation prématurée, des garanties suffisantes dans la tendresse du père ou de la mère, dans leur intérêt même, l'émancipation faisant cesser l'usufruit légal.

Dans quelles formes cette émancipation peut-elle avoir lieu? « Elle s'opérera, dit l'art. 477, par la seule déclara» tion du père ou de la mère, reçue par le juge de paix » assisté de son greffier. » L'acceptation de l'enfant n'est donc plus aujourd'hui nécessaire, comme elle l'était dans notre ancien droit; l'émancipation a cessé d'être un vrai contrat passé entre le père ou la mère et l'enfant pour devenir un acte souverain d'autorité domestique que l'enfant ne peut ni provoquer ni critiquer. Celui-ci peut donc être émancipé à son insu et même malgré lui; il n'a pas le droit de former devant les tribunaux opposition à sa propre émancipation.

Le Code n'a pas reproduit l'ancienne règle qui permettait d'émanciper devant un juge quelconque; c'est devant le juge de paix seul que l'émancipation peut avoir lieu. Le magistrat compétent est évidemment celui du domicile du mineur; car les art. 477 et 479 disent *le* et non pas *un* juge de paix, ce qui n'a rien d'indéterminé. De plus, cette décision est conforme aux principes généraux de la tutelle auxquels nous devons nous référer dans le silence de la loi. Elle a en outre le grand avantage de donner aux tiers un moyen facile et sûr de connaître l'émancipation, ou plus généralement l'état et la capacité du mineur, les actes d'émancipation devant être portés sur les registres du greffe de la justice de paix du domicile du mineur. Lorsque ces registres sont perdus, la jurisprudence a quelquefois décidé que des présomptions graves, précises et concordantes pourraient servir à prouver le fait de l'émancipation. Le juge de paix ne fait ici qu'un acte de juridiction gracieuse; son rôle se borne à recevoir la déclaration du père ou de la mère, il ne lui appartient pas de critiquer l'usage qu'ils font de leur droit souverain ni de se refuser à recevoir l'émancipation.

Des termes de l'art. 477, nous conclurons encore que le législateur n'a reconnu qu'une forme pour l'émancipation, et que l'on ne pourrait même plus aujourd'hui, comme dans l'ancien droit, soulever la question de savoir si elle pourrait être conférée par acte notarié. Le silence du Code est d'autant plus significatif que cette dernière forme avait été admise dans le projet primitif, et que la rédaction définitive ne l'a pas reproduite, car, quand le Code a autorisé la forme testamentaire en matière de tutelle, il a pris soin de s'en expliquer (art. 392-398). Mais, comme la loi ne fait à ce sujet aucune dérogation au droit commun (art. 36), l'émancipation ne peut pas davantage avoir lieu par testament; on en conclut que le mineur peut être émancipé par mandataire, pourvu que la procuration soit spéciale et authentique.

§ 2

I. — La seconde hypothèse, avons-nous dit, est celle où le mineur est resté sans père ni mère; l'art. 478 nous dit : « qu'il pourra être émancipé, si le conseil de famille l'en » juge capable. » La loi n'a pas voulu confier cette mission au tuteur seul, parce qu'elle a craint ou qu'il ne fût trop empressé d'émanciper son pupille pour se décharger de la tutelle, ou qu'il ne fût, au contraire, peu disposé à le faire, lorsque l'émancipation l'obligerait à restituer au mineur ses capitaux ; ce danger était moins à craindre de la part du conseil de famille.

C'est donc à ce dernier à apprécier la conduite et l'intelligence du mineur; mais comme il ne se rassemble qu'à des intervalles qui n'ont rien de fixe, et seulement sur convocation expresse, l'art. 479 a dû conférer à certaines personnes le droit de provoquer sa réunion pour délibérer sur l'opportunité de l'émancipation.

En premier lieu, c'est au tuteur que la loi attribue implicitement le droit de requérir l'émancipation; car, il a la garde du mineur, et est plus que tout autre en position de juger s'il est digne de cette faveur. Mais s'il refuse d'agir, soit par négligence, soit par mauvaise volonté, le droit de requérir la convocation du conseil de famille passe à un certain nombre de parents ou alliés du mineur, assez proches pour qu'on puisse penser qu'ils auront avec lui des relations qui leur permettront de l'apprécier, sans qu'ils aient, du reste, besoin de faire partie du conseil. Lorsque ces personnes usent de leur droit, le juge de paix doit déférer à leur réquisition.

Si, au contraire, elle est faite par le mineur lui-même ou par un parent plus éloigné en degré que ceux mentionnés dans l'art. 479, ce magistrat est-il tenu de convoquer le conseil de famille? L'affirmative est soutenue par Toullier, même en ce qui concerne le mineur; car nul, dit-il, n'est plus intéressé que lui dans la question, et il en était ainsi dans l'ancien droit. Mais, elle est inadmissible en présence de l'art. 479 dont l'énumération limitative ne comprend pas le mineur, de l'état d'incapacité de celui-ci qui ne peut agir seul, et pourrait, afin de jouir plus tôt de sa fortune et de sa liberté, demander une émancipation prématurée. Quant aux parents dont l'art. 479 ne parle pas, comme il est à craindre qu'ils connaissent peu le mineur, ils pourraient agir d'une manière irréfléchie et préjudiciable pour lui.

Si, au lieu de requérir la convocation du conseil de famille, le mineur et les parents éloignés dont il s'agit se bornent à inviter le juge de paix à le faire, que déciderons-nous? Cela revient évidemment à se demander si le juge de paix peut convoquer d'office le conseil de famille, à l'effet de délibérer sur l'émancipation du mineur. Si oui, rien ne s'oppose à ce que le mineur ou toute autre personne éveille à cet égard sa sollicitude. L'affirmative me paraît fondée; car le juge de paix étant spécialement chargé de veiller aux intérêts du mineur doit avoir par là même le droit d'assembler le conseil quand il le juge nécessaire. Cela résulte implicitement de l'art. 414 qui dit que, dans tous les cas où l'intérêt du mineur semblera l'exiger, le juge de paix pourra ajourner l'assemblée ou la proroger. Les art. 406, 421 et 446 qui énumèrent spécialement les circonstances où il est tenu de faire cette convocation, ne sont donc pas limitatifs, comme on l'a prétendu. On nous objecte que le juge de paix pourra alors prononcer une amende contre les personnes qui ne répondront pas à sa convocation (art. 413) et cela dans un cas où la loi ne l'autorise pas à le faire, que c'est étendre une pénalité par analogie. Nous répondons que ce n'est pas à ce point de vue tout à fait secondaire qu'il faut envisager la question, que l'amende n'est qu'un moyen d'assurer l'efficacité de la convocation qui, elle, est dans l'intérêt du mineur et que cette considération doit primer toutes les autres (1). Le juge de paix n'étant d'ailleurs pas tenu d'obéir à l'invitation qui lui est faite, il n'y a aucun inconvénient à lui permettre de convoquer d'office le conseil de famille, surtout lorsque le mineur a des parents proches qui montrent à son égard une indifférence coupable.

La loi ne permet pas au subrogé-tuteur de requérir du juge de paix la convocation du conseil; mais, comme il est spécialement chargé de surveiller le tuteur, il est très-rationnel qu'il puisse avertir le juge de paix et le prier de

---

(1) *Contrà*; MM. Aubry et Rau, tome I, page 486.

faire cette convocation. — Quant au ministère public, il ne peut procéder ni par voie de réquisition ni par voie de simple invitation. On peut le regretter; mais il est de règle que, en matière civile, il n'agit d'office que dans les cas spécifiés par la loi. — Le pro-tuteur doit, il nous semble, être traité à tous égards comme le subrogé-tuteur.

D'après l'art. 478, le conseil de famille n'a le droit d'émanciper l'enfant que quand il est resté *sans père ni mère*. Faut-il entendre par là, non-seulement le cas où les père et mère sont morts, ce qui ne peut faire doute, mais encore tous ceux où ils se trouvent dans l'impossibilité d'émanciper, par exemple, quand tous deux ou l'un d'eux seulement se trouvent *absents* ou *interdits?*

Les auteurs qui pensent que les mots *à défaut de père* dont se sert l'art. 477 indiquent simplement le cas où le père est mort admettent également ici que les expressions *resté sans père ni mère* ne s'appliquent qu'à l'hypothèse du décès des père et mère. Les termes de l'art. 478, disent-ils, sont on ne peut plus clairs; les étendre, c'est faire de l'arbitraire. Nous repoussons ce système, comme nous l'avons repoussé à propos de l'art. 477.

En cas de décès de l'un des époux, il est évident que l'absence déclarée ou l'interdiction du survivant ouvre pour le conseil de famille le droit de se prononcer sur l'émancipation du mineur. L'argument tiré de l'usufruit légal n'a rien à faire ici, puisqu'il n'existe plus quand le conseil est appelé à statuer. Il faut en dire autant en cas de présomption d'absence, sauf au tribunal à s'assurer si l'émancipation est réellement utile au mineur et s'il y a une suffisante incertitude sur l'existence de l'époux disparu.

Si les père et mère sont déclarés absents, c'est encore au conseil de famille qu'appartient le droit d'émancipation;

car, après une déclaration d'absence, l'art. 142 nous dit qu'il y a lieu à la tutelle. J'en dirai autant du cas où un seul des époux est déclaré absent, même quand l'autre serait vivant et serait capable ou non d'exercer la puissance paternelle; car on peut toujours appliquer l'article 142.

La question devient plus délicate s'ils sont tous deux interdits ou déchus de la puissance paternelle (Code pén., art. 335), parce qu'ici il n'y a ni tutelle ni conseil de famille. Aussi certains auteurs, comme Marcadé, refusent-ils dans ces cas toute émancipation au mineur. Ce système est sans doute très-rigoureux pour l'enfant, puisqu'il se trouve alors dépourvu de toute espèce de protection; mais on ne peut méconnaître qu'il ne soit très-conforme au texte de la loi et aux principes généraux du Code sur la tutelle. Le législateur n'ayant statué que *de eo quod plerumque fit*, on pourrait dire, bien que cette solution ne nous satisfasse pas pleinement, que l'enfant ou tout autre de ses parents ou amis devra s'adresser au tribunal de son domicile qui, après avoir examiné sa position, lui nommera, non plus un tuteur, mais un administrateur *ad hoc*, et ordonnera au juge de paix de réunir une assemblée de parents ou amis qui statuera alors sur son émancipation.

Il faut, je crois, assimiler au cas d'interdiction celui où l'un des époux ou tous deux seraient placés dans une maison d'aliénés, conformément à la loi du 30 juin 1838; l'incapacité sera prouvée par le certificat constatant l'entrée du malade dans l'établissement. Mais on ne doit pas pousser plus loin l'analogie, et décider de même au cas d'un simple affaiblissement des facultés mentales; ce serait ouvrir la porte à trop d'abus.

II. — Lorsque le droit d'émanciper l'enfant appartient au conseil de famille, l'émancipation, nous dit l'art. 478, ne peut avoir lieu que quand il a atteint l'âge de dix-huit ans. « Il y aurait à craindre ici, disait M. Berlier au » Corps législatif, qu'un simple tuteur, pour se décharger » de la tutelle, ne supposât à son pupille une capacité pré- » coce, qu'il ne le persuadât au conseil et que l'émanci- » pation ne devînt ainsi un funeste abandon. »

Au point de vue des formes, « l'émancipation, dit » l'art. 478, résultera de la délibération qui l'aura auto- » risée, et de la déclaration que le juge de paix, comme » président du conseil de famille, aura faite dans le même » acte que le mineur est émancipé. »

Mais cette décision du conseil de famille qui accorde ou refuse l'émancipation est-elle souveraine ou est-elle susceptible d'un recours devant les tribunaux? — Lorsqu'elle a été prise à l'unanimité, elle est inattaquable; les membres du conseil exerçant pour ainsi dire la puissance paternelle jugent sans appel.

Si, au contraire, il s'est formé deux opinions dans le conseil, la doctrine et la jurisprudence se divisent sur le point de savoir si l'avis de la majorité pourra ou non être déféré au tribunal. L'ancien droit permettait de l'y déférer, le Code civil n'a pas reproduit cette faculté; mais un grand nombre d'auteurs pensent qu'elle résulte des termes de l'art. 883 du Code de procédure : « Toutes les fois, dit ce » texte, que les délibérations du conseil de famille ne sont » pas *unanimes*, l'*avis* de chacun des membres qui le » composent doit être mentionné dans le procès-verbal. » Le tuteur, subrogé-tuteur ou curateur, même les mem- » bres de l'assemblée, peuvent se pourvoir contre la déli- » bération par une demande formée contre les membres » de la majorité. »

Cette solution nous paraît devoir être adoptée. On objecte que l'art. 883 ne se réfère qu'aux simples avis de parents qui, dit-on, ne sont pas obligatoires, et non au cas où le conseil a un pouvoir de décision propre; mais ses termes sont si généraux et si précis que toute équivoque nous paraît impossible. La rubrique du titre ne parle, il est vrai, que des *avis des parents;* mais, par une singulière contradiction, les articles n'emploient que le mot *délibérations.* L'intention du législateur a donc été de soumettre au contrôle des tribunaux toutes les décisions non prises à l'unanimité. Dans ce cas, en effet, on ne peut plus avoir la même confiance dans le conseil de famille; il est d'autant plus opportun d'assurer au mineur la protection de la justice qu'il s'agit non-seulement de son avantage pécuniaire, mais aussi d'un grand intérêt moral. Cette considération tirée de l'intérêt du mineur répond à cette objection que les membres de la majorité seront obligés de faire connaître leur avis devant le tribunal, ce qui pourra avoir de grands inconvénients. — Enfin on prétend que, la décision des père et mère étant souveraine, celle du conseil de famille qui tient ici leur place doit l'être aussi. Cet argument repose sur un principe faux et la loi elle-même y a répondu, puisqu'elle change les conditions de l'émancipation, selon qu'elle doit être faite par les père et mère ou par le conseil de famille. — Le système que nous soutenons a été consacré formellement par un arrêt de la Cour de Toulouse du 22 février 1854 (1).

---

(1) En ce sens MM. Demante, I, p. 315, — Val. *sur Proudhon*, p. 339, — Massé, *Revue de droit français et étranger*, 1846, t. III, p. 183. — *Contrà*, MM. Demol, I, n° 86, VIII, n° 215, — Aubry et Rau, t. IV, p. 67, — Delv. et Duranton.

§ 3

I. — Nous n'avons parlé jusqu'ici que des enfants légitimes, il nous reste à dire un mot des enfants naturels et des enfants abandonnés placés dans les hospices.

Si l'enfant naturel simple a été légalement reconnu, alors on suivra les mêmes règles que s'il était légitime. S'il a été reconnu par son père et sa mère, le droit de l'émanciper appartiendra au père ou, à son défaut, à la mère; s'il n'a été reconnu que par l'un de ses auteurs, celui-là seul aura le droit de l'émanciper. — En effet, ce droit dérive de la puissance paternelle et plus spécialement du droit d'éducation, or l'art. 383 assimile à cet égard les parents naturels aux parents légitimes.

Lorsque les parents qui ont fait la reconnaissance sont morts ou que l'enfant naturel simple n'a pas été reconnu, ou bien encore lorsque l'enfant est incestueux ou adultérin, le droit de l'émanciper ne peut appartenir qu'à un conseil de famille composé d'amis ou de personnes notables du lieu où le mineur a son domicile. En effet, cet enfant ne se rattache à personne, puisqu'il n'a plus de parents ou que la loi ne peut les rechercher. C'est ici surtout que se fait sentir l'utilité pratique de l'opinion qui donne au mineur lui-même le droit d'inviter le juge de paix à réunir le conseil de famille et à proposer l'émancipation.

Quant aux enfants admis dans les hospices, ils sont régis par la loi du 15 pluviôse an XIII (art. 4) qui confère aux commissions administratives de ces hospices tous les droits des père et mère. Ces enfants peuvent donc être émancipés dès l'âge de quinze ans, ce qui résulte de l'exposé des motifs de cette loi. L'émancipation est faite, sur l'avis des membres de la commission administrative, par celui d'entre eux qui a été nommé tuteur et est seul obligé de comparaître devant le juge de paix; le receveur de l'hospice remplit les fonctions de curateur (art. 4).

DEUXIÈME PARTIE

DE LA CURATELLE

I. — L'émancipé se trouve placé dans un état intermédiaire entre celui de mineur ordinaire et de majeur : il n'acquiert que d'une manière restreinte le gouvernement de sa personne et de ses biens, et il a besoin de l'assistance d'un curateur pour faire les actes les plus importants. Pour ces actes, l'émancipation ne peut produire ses effets que quand la curatelle a été constituée, de sorte que la nomination du curateur devient une suite nécessaire et comme le complément de l'émancipation elle-même.

Sur ce point, le Code civil est d'un laconisme, et, il faut bien l'avouer, d'une obscurité et d'une insuffisance regrettables. C'est à l'interprétation à suppléer ; nous nous guiderons, à cet égard, d'après les principes généraux et les analogies tirées de la tutelle.

D'abord, comment le curateur peut-il être nommé? Pour toute réponse, l'art. 480 nous dit incidemment que ce sera par le conseil de famille. — Nous en conclurons qu'il n'y a pas de curatelle testamentaire ; par conséquent, le dernier mourant des père et mère ne peut nommer un curateur à son enfant par testament. Il ne peut pas davantage faire cette nomination soit dans l'acte d'émancipation, soit par une déclaration devant le juge de paix ou devant notaires (1). Il est fâcheux que le Code n'ait pas consacré des modes de nomination aussi rationnels; cependant on ne saurait suppléer à son silence.

Mais il n'en est pas de même relativement à la question de savoir s'il existe ou non une curatelle légitime; elle est beaucoup plus délicate, vu l'absence de textes à ce sujet. Voici d'abord un cas sur lequel le législateur s'est expliqué formellement : lorsqu'un enfant émancipé est admis dans un hospice, l'art. 5 de la loi du 15 pluviôse an XIII déclare que le receveur lui servira de plein droit de curateur.

En second lieu, on reconnait généralement que le mari majeur est curateur de droit, curateur légitime de sa femme mineure émancipée par le mariage. Cette décision est commandée par des raisons de convenance et par le respect dû à la puissance maritale, aussi bien que par la tradition de l'ancien droit. De plus, le Code la consacre implicitement dans l'art 2208 qui ordonne que l'expropriation des immeubles de la femme qui ne sont pas entrés en communauté se poursuive, au cas de minorité de la femme, contre elle et son mari. Le mari remplit ici le rôle de curateur, puisque, à moins qu'il ne s'y refuse formellement, il n'en est pas nommé d'autre à la femme, sauf quand il est lui-même mineur. Il n'y a pas à distinguer si les actes faits par son épouse mineure ont dû ou non préalablement être autorisés par lui. Quant aux actes pour lequels l'autorisation maritale est nécessaire, l'époux intervient pour assister sa femme comme mineure émancipée et l'autoriser comme femme mariée. — Enfin

(1) Voyez en ce sens deux arrêts ; Caen, 29 juin 1812. — Limoges, 2 janvier 1821.

l'art. 506 dit formellement que le mari est de droit le tuteur de sa femme interdite, ce qui achève de lever tous les doutes.

Mais la proposition inverse serait inexacte : en cas de minorité du mari, sa femme majeure ne serait pas de plein droit appelée à la tutelle. En effet, aucun texte ne lui confère cette fonction directement ou indirectement; puis les raisons de convenance qui exigent que le mari ait la curatelle de sa femme n'exigent pas que celle-ci ait la curatelle de son mari.

C'est même une question de savoir si le conseil de famille pourrait nommer la femme *curatrice* de son mari, et la négative semble plus probable. Si l'on applique par analogie les principes de la tutelle, on voit que les ascendantes seules peuvent être nommées tutrices (art. 442 3°). Il est vrai que l'art. 507 dit que la femme pourra être nommée tutrice de son mari interdit; mais c'est là une exception faite pour une situation spéciale, alors que le mari ayant perdu la raison n'a plus les puissances paternelle et maritale, ni le gouvernement de sa personne et de ses biens. Le mari mineur émancipé est toujours, au contraire, le chef de la maison, celui à qui la femme et les enfants doivent obéir. La protection qu'il doit trouver dans la curatelle serait donc ici complétement illusoire, n'offrirait aucune garantie. — C'est ainsi que Domat enseignait que « le fils ne peut être nommé curateur de son père déclaré » prodigue, quoiqu'il puisse l'être de son père en dé- » mence. » Aussi la coutume de Bretagne (art. 523) qui seule donnait la femme pour curatrice au mari prodigue avait-elle mérité le reproche de changer le cours de la nature en faisant de la *femme le chef de l'homme.*

Revenant à notre question, demandons-nous s'il n'existe pas une curatelle légitime en faveur de quelque ascendant et examinons les diverses opinions qui se sont produites à cet égard, en l'absence de textes.

La plus simple enseigne que la curatelle est toujours dative, que le père lui-même ne peut pas être curateur légitime de son enfant émancipé; car aucun texte de loi n'établit de curatelle légale. — L'art. 480 dit que le compte de tutelle sera rendu au mineur émancipé assisté d'un curateur *qui lui sera nommé par le conseil de famille.* Sa rédaction primitive portait : « Les fonctions de curateur » seront, dès le moment de l'émancipation, remplies par » celui qui était tuteur. » C'était la curatelle légale érigée en principe; mais cette disposition fut remplacée par celle de l'art. 480 actuel : *qui lui sera nommé par le conseil de famille*, et l'on fit remarquer que *cette addition dissiperait jusqu'au plus léger doute* (1). De plus, l'art. 480 est le seul qui parle de la nomination du curateur et tous ceux qui le suivent (art, 482, 840, 935) supposent ce curateur déjà nommé. Il suit de là que le curateur est toujours datif, puisque, une fois nommé par le conseil de famille, il conserve cette charge.

Le système le plus radical enseigné par Delvincourt applique au mode de nomination du curateur toutes les règles établies pour le tuteur, et décide que, en conséquence, la curatelle légitime de l'émancipé appartient à ses père et mère, et, à leur défaut, à ses autres ascendants. — Il y a, dit-on, identité de motifs entre les deux cas; puis le silence complet du Code indique bien que l'on a voulu ici se référer aux règles de la tutelle. En effet, l'art. 480 ne s'occupe, en réalité, que de la nomination d'un curateur *ad hoc*, chargé de recevoir le compte de tutelle. Cette

---

(1) Locré, *Législat. civ.*, tome VII, p. 146 et 227.

nomination est nécessaire, même dans le système qui admet une curatelle légale. Car, s'il s'agit d'un tuteur légitime, il ne peut assister comme curateur le mineur émancipé dans la reddition de son propre compte. Si, au contraire, c'est un étranger qui était tuteur : ou il sera nommé curateur, et alors il faut nommer un curateur *ad hoc* au mineur émancipé pour recevoir le compte de cet ancien tuteur ; ou il ne sera pas chargé de la curatelle, et, dans ce cas, il est tout simple que ce soit le conseil de famille qui nomme le curateur.

D'autres auteurs, tout en adoptant ce système, le restreignent et ne donnent la curatelle légitime qu'aux père et mère seuls, la loi n'ayant donné qu'à eux le droit d'émancipation. Zachariæ va même jusqu'à exclure la mère de la curatelle légitime et ne l'attribue qu'au père seul.

Enfin Marcadé a proposé un système (1) basé sur une distinction plus conforme au texte. Suivant lui, l'art. 480 n'entend pas parler de tous les cas d'émancipation, il se lie aux deux articles précédents et n'entend parler comme eux que de l'émancipation accordée à un mineur en tutelle. De deux choses, l'une : ou le mineur a été émancipé pendant le mariage par son père, ou, à son défaut, par sa mère, alors c'est celui qui l'a émancipé qui sera son curateur légitime ; ou l'émancipation a été conférée après la dissolution du mariage, même par le survivant des père et mère, alors le curateur est forcément datif. — En effet, dans le premier cas, comment le père (et à son défaut la mère) qui exerce, sans aucun contrôle de la famille, la gestion des biens de l'enfant, se verrait-il enlever, par suite d'une émancipation qui n'émane que de sa volonté, jusqu'au droit

(1) *Code civil*, tome II, art. 480, § 2.

d'assister cet enfant comme curateur! Comment le conseil de famille qui n'existe pas encore et n'est pour rien dans l'émancipation se trouverait-il tout à coup sorti de dessous terre, réuni, on ne sait par qui ni comment, investi du droit de contrôler ce père comme curateur et même de ne pas lui donner la curatelle? Les textes ne confèrent (art. 405, 421, 480) au conseil de famille le droit de nommer le curateur qu'à propos du compte de tutelle; or, pendant le mariage, il n'y a pas de tutelle. Dans le second cas, au contraire, il y a tutelle et par conséquent il faut rendre compte; les textes précités sont donc applicables et la curatelle est dative.

Quelque séduisante que paraisse au premier abord cette doctrine, elle soulève de graves objections qui sont de nature à la faire rejeter. Si le père ou la mère qui émancipe l'enfant pendant le mariage est curateur légal, il semble extraordinaire que le père ou la mère qui l'émancipe après la dissolution du mariage, alors qu'il était déjà tuteur légal, ne devienne pas curateur légal; car, dans les deux cas, l'émancipation procède de l'exercice de la puissance paternelle. — L'article 480 suppose, il est vrai, un conseil de famille et un compte à rendre; mais l'émancipation ne donne-t-elle pas lieu à la nomination de ce conseil, et le père, administrateur légal des biens de son enfant, ne peut-il pas avoir des comptes à lui rendre? — Si la curatelle n'est pas déférée au père ou à l'ancien tuteur, cela peut s'expliquer par ce motif qu'avant l'émancipation l'irresponsabilité du mineur était la sauvegarde de son intérêt, tandis qu'il va avoir désormais une certaine capacité, et que le père émancipateur aurait pu en profiter pour faire avec son enfant des opérations ruineuses pour celui-ci. On comprend donc que la loi ait donné au conseil de famille le droit de nommer un curateur à l'abri de tout soupçon. — Enfin, le chapitre du Code civil consacré à l'émancipation prévoyant l'hypothèse d'émancipations faites pendant et après le mariage (art. 477, 478, 479), il est peu probable qu'il ait admis entre l'une et l'autre, quant au mode de nomination du curateur et en ce qui concerne les père et mère, une différence aussi difficile à justifier.

En résumé, en dehors de la curatelle des enfants de l'hospice et de celle des femmes mariées, il n'y a pas de curatelle légitime ; car aucun texte de loi ne l'a établie. Le curateur devra donc toujours être nommé par le conseil de famille (1), et la preuve de la nomination résultera du procès-verbal de la délibération rédigé par le greffier de la justice de paix.

Demandons-nous maintenant quel sera le juge de paix compétent pour recevoir l'émancipation, et par suite quels seront le siége et le personnel du conseil de famille appelé à nommer le curateur. Les opinions sont partagées ici, comme en matière de tutelle. Marcadé enseigne que « pen-
» dant l'émancipation, la compétence du juge de paix, et
» par suite le siége et la composition du conseil de famille,
» suivront le domicile du mineur, tant qu'il n'y aura pas eu
» nomination de curateur; mais que, du moment où un cura-
» teur aura été nommé par le conseil, le siége de ce conseil
» devra rester invariable (tome 2, art. 480, § 2). » Il le décide ainsi par analogie avec le droit qu'il attribue au tuteur légitime ou testamentaire, à l'exclusion du tuteur datif, de déplacer le siége de la tutelle. Mais le principe qui sert de fondement à son système est contraire à la loi ; car les articles 406 et 407, généraux et applicables à tous les tuteurs, fixent invariablement le domicile de la tutelle au lieu où

---

(1) Jugé en ce sens. Caen, 29 juin 1812. — Limoges, 5 janvier 1821.

elle s'est ouverte et par suite le siége du conseil de famille. Or, pourquoi donnerait-on au mineur émancipé un droit qu'on refuse au tuteur lui-même, celui de modifier par un changement arbitraire de domicile la composition du conseil ?

MM. Valette et Demolombe (1) sont au contraire d'avis que, dans tous les cas, le domicile de la tutelle doit rester le même, ce qui est dans l'intérêt même du mineur. C'est la doctrine la plus rationnelle, et c'est aussi celle que nous adopterons pour l'émancipation, le Code ne s'étant pas expliqué à cet égard. Le juge de paix compétent pour convoquer le conseil de famille, à l'effet de nommer un curateur au mineur émancipé, est donc toujours celui du lieu de l'ouverture de la tutelle ou du domicile du père ou de la mère (art. 477), si l'émancipation a lieu pendant le mariage; c'est en ce lieu que doit être formé le conseil des parents, alliés ou amis qui s'y trouvent.

II. Après avoir vu comment est constituée la curatelle, il nous reste à examiner les différents caractères de cette fonction.

Est-ce une charge publique, obligatoire comme la tutelle? Il est vrai que l'article 1370 ne cite parmi les fonctions qui ne peuvent être refusées que celles des *tuteurs et autres administrateurs*, ce qui ne semble pas devoir s'appliquer au curateur, puisqu'il n'administre pas. Cependant l'opinion contraire est préférable; car la curatelle répond au même besoin social que la tutelle : elle n'en est, dit M. Demolombe, qu'une suite et un *diminutif*, et il est à présumer que le législateur a aussi entendu la rendre obligatoire. Si les rédacteurs du Code n'en ont pas parlé, c'est qu'ils ont imité

---

(1) Val. *sur Proudh.*, t. II, p. 313, — Demol., t. VIII, nos 241 et suiv.

l'ancien droit qui avait fini par ne plus distinguer entre la tutelle et la curatelle ; *tuteur et curateur n'est qu'un*, disait Loysel. D'ailleurs, l'article 34 de la loi de 1838 sur les aliénés et l'art. 34, 4° du Code pénal montrent suffisamment l'idée du législateur.

Les causes d'incapacité, d'exclusion ou de destitution admises en matière de tutelle doivent être étendues à la curatelle ; car les mêmes motifs existent, et il est inadmissible que la loi ait voulu confier cette charge à des personnes suspectes ou indignes. L'assimilation faite par les articles 34 et 42 du Code pénal entre la tutelle et la curatelle confirme cette induction.

Il faut décider de même pour les causes d'excuse. Il est vrai qu'aucun texte direct ne les applique à la curatelle, qu'on ne peut plus invoquer les arguments tirés des articles 34 et 42 du Code pénal en matière d'incapacité, que les fonctions du curateur ne sont ni aussi difficiles à remplir ni aussi absorbantes que celles du tuteur. Aussi plusieurs auteurs ont-ils décidé que les motifs d'excuse devaient être laissés à l'appréciation du conseil de famille. Mais c'est là une solution arbitraire, et il préférable d'appliquer encore ici par analogie les règles de la tutelle, d'autant plus que les rédacteurs du Code se sont inspirés de l'ancienne jurisprudence qui était unanime sur ce point.

La curatelle a pour second caractère d'être une charge générale et permanente. Le curateur est unique, et, comme il n'administre pas, il n'a pas de subrogé-curateur. Il reste en fonctions pendant toute la durée de la curatelle, mais, lorsqu'il a des intérêts contraires à ceux de l'émancipé ; on nomme à celui-ci un curateur *ad hoc* chargé de le remplacer dans cette circonstance.

Il n'est jamais le représentant de l'émancipé, il ne fait que l'*assister* dans les actes pour lesquels son assistance est requise; comme le tuteur Romain, *auctor est.* Le mineur émancipé agit par lui-même, le curateur n'intervient que pour compléter sa capacité relativement aux actes les plus importants; aussi son rôle et sa responsabilité sont-ils bien moindres que ceux du tuteur. Comme il n'administre pas, il n'a pas le maniement des fonds de l'émancipé et par suite ne doit pas de comptes.

Le Code étant resté muet sur les devoirs et les obligations du curateur, il faut les apprécier d'après le but que la loi a dû se proposer en instituant la curatelle, et déclarer le curateur soumis à la responsabilité de droit commun imposée à tout mandataire (art. 1382, 1383 et 1992). Le mineur pourrait donc lui demander réparation du dommage causé non-seulement par sa fraude ou son dol, mais encore par sa faute grave. En outre, lorsque l'émancipé est héritier, donataire ou légataire de quelque bien, et que les droits de mutation ne sont pas payés dans le délai prescrit, la loi du 22 frimaire an VII (art. 27) déclare le curateur personnellement responsable des amendes encourues.

TROISIÈME PARTIE

DES EFFETS DE L'ÉMANCIPATION

L'émancipation a pour effet principal de mettre fin à la puissance paternelle ou à la tutelle ou à l'une et l'autre à la fois : elle donne au mineur, dans une certaine mesure, le droit de se gouverner lui-même et d'administrer sa fortune. Nous avons donc à rechercher en quoi consiste la capacité de l'émancipé relativement à sa personne et relativement à ses biens.

CHAPITRE I

Effets relatifs à la personne du mineur.

Le mineur se trouvant délivré de l'autorité paternelle où tutélaire est désormais indépendant et maître de ses actions. Il n'est plus soumis aux droits de garde et de correction, il peut fixer son domicile où bon lui semble et employer son temps aux occupations qui lui conviennent. Il est libre de faire un contrat d'apprentissage, de louer ses services, de prendre même un état, sauf celui de commerçant pour lequel des conditions spéciales sont exigées, comme nous le verrons plus loin.

Bien que l'émancipé ait le gouvernement de sa personne,

il est néanmoins certains engagements tellement graves qu'il y aurait imprudence à les lui laisser contracter seul. Aussi ne peut-il contracter mariage, ni s'engager par des vœux dans une congrégation religieuse ou entrer dans les ordres sacrés (décrets des 18 février 1809, art. 7, et 28 février 1810, art. 7) sans le consentement de ses ascendants ou de son conseil de famille. A cet égard, il est traité comme un mineur non émancipé.

Mais c'est une question de savoir s'il peut seul contracter un engagement volontaire, lorsqu'il a atteint l'âge fixé par la loi du 21 mars 1832 et le décret du 10 juillet 1848, c'est-à-dire seize ans pour l'armée de mer et dix-sept ans pour l'armée de terre. Avant la loi de 1872, la même question pouvait se poser pour le remplacement militaire.

La négative enseignée par un grand nombre d'auteurs s'appuie sur l'article 374 du Code civil qui dit que l'enfant ne peut quitter la maison paternelle sans permission de son père, si ce n'est pour enrôlement volontaire, après l'âge de dix-huit ans révolus ; puis sur l'article 32 de la loi de 1832 qui, modifiant l'article 374, déclare que l'engagé volontaire, âgé de moins de vingt ans, doit justifier du consentement de ses père et mère ou tuteur, et que ce dernier doit être autorisé par une délibération du conseil de famille. Ces textes, dit-on, ne s'attachent qu'à l'âge, sans distinguer si le mineur est ou non émancipé ; l'article 374 se sert même du mot *enfant* au lieu du mot *mineur*. Le mineur de vingt ans ne peut donc, même après son émancipation, contracter seul un engagement militaire, ce qui se comprend d'ailleurs, si l'on songe à l'importance d'une telle détermination.

Cependant l'affirmative est beaucoup plus conforme à la loi, bien que, en législation, la négative semble préférable. En effet, le mineur a, par suite de son émancipation, cessé d'être sous l'autorité paternelle (art. 372) et d'être soumis au droit de garde. L'art. 374 est inapplicable, puisque l'émancipé peut à son gré quitter la maison paternelle et faire ce qu'il veut. Quant à l'argument tiré du mot *enfant*, dont se sert l'article 374, il s'explique par cette seule considération qu'on s'y occupe de régler les rapports des *père* et *mère* et de l'*enfant*. — L'article 32 de la loi de 1832 parle du consentement du *tuteur* ; or l'émancipé n'en a plus : cet article ne le concerne donc pas. Ajoutons que, pour l'engagement militaire, on a toujours dérogé aux règles ordinaires, parce qu'il est utile au pays. Quand nous voyons la loi permettre au mineur non émancipé, âgé de vingt ans, de s'engager seul, pourquoi refuserions-nous le même droit à celui que ses parents ont jugé digne de l'émancipation ?

CHAPITRE II

Effets relatifs aux biens du mineur.

L'émancipation fait cesser l'administration du père ou du tuteur et aussi l'usufruit paternel. Mais l'émancipé n'acquiert pas la libre disposition de sa fortune, la loi ne lui permet les divers actes de la vie civile qu'en graduant suivant l'importance de chacun d'eux les précautions et les formalités nécessaires à leur validité. Le Code civil distingue à cet égard, comme il l'a fait pour le tuteur, plusieurs catégories d'actes.

Nous examinerons d'abord la capacité du mineur émancipé pour chacun de ces actes, puis nous nous occuperons du cas spécial où l'émancipé est autorisé à faire le commerce, enfin nous rechercherons quel est l'effet des actes passés par le mineur émancipé.

SECTION I. — DE LA CAPACITÉ DU MINEUR ÉMANCIPÉ RELATIVEMENT AUX DIFFÉRENTS ACTES DE SA GESTION

Le Code n'ayant pas assez nettement déterminé la capacité du mineur émancipé, n'ayant pas davantage précisé les actes qu'il peut faire seul et ceux pour lesquels certaines conditions d'assistance ou autres lui sont nécessaires, les auteurs offrent sur ce sujet de grandes divergences. Adoptant la division suivie par la majorité des interprètes, nous distinguerons cinq catégories d'actes.

1° Actes que le mineur émancipé peut faire seul ;

2° Actes pour lesquels l'assistance du curateur est nécessaire, mais suffisante ;

3° Actes pour lesquels la loi exige l'assistance du curateur et l'autorisation du conseil de famille ;

4° Actes pour lesquels la loi exige l'assistance du curateur, l'autorisation du conseil de famille et l'homologation du tribunal ;

5° Actes complétement interdits à l'émancipé.

Examinons-les successivement.

§ 1. — *Actes que le mineur émancipé peut faire seul.*

Le principe est contenu dans l'article 481, qui dit que le mineur émancipé fera seul tous les actes qui ne sont *que de pure administration* ; d'où il suit qu'il a un pouvoir moins étendu que celui du tuteur qui doit administrer en *bon*

père de famille (art. 450), que celui de la femme séparée de biens qui a la *libre administration* de ses biens (art. 1449(. « Par *actes de pure administration*, dit M. Demolombe (tom. 8, p. 197), on entend tous ceux qui con-
» cernent l'administration, la jouissance et l'entretien du
» patrimoine, la tenue de la personne et de la maison,
» l'exercice d'un travail ou d'une industrie quelconque. »
La capacité de l'émancipé doit donc, en général, s'interpréter restrictivement, ce qui n'a pas lieu pour le tuteur et la femme séparée de biens.

L'émancipé peut donc recevoir ses revenus et en donner décharge, vendre ses récoltes et en toucher le prix. Il passera des baux à ferme ou à loyer dont la durée n'excédera pas neuf ans; si le bail consenti excède neuf ans, il sera réduit à cette durée (art. 1429, 1430 et 1718 combinés). C'est donc bien à tort que l'on a prétendu que le mineur émancipé pouvait renouveler le bail de ses biens ruraux plus de trois ans avant l'expiration du bail courant, et le bail de ses maisons plus de deux ans avant la même époque. Une pareille solution est contraire au texte même de l'art. 1718 qui s'applique à tous les mineurs sans distinction, à l'esprit de la loi qui ne veut pas que ce mineur engage pour trop longtemps la jouissance de ses biens. — Les auteurs et la jurisprudence sont aussi d'accord pour décider que le mineur émancipé ne pourrait stipuler qu'on lui paiera par avance ses loyers ou fermages, car ils sont alors considérés comme un capital et l'assistance du curateur devient nécessaire pour les recevoir (art. 482.)

L'expression *donner décharge* employée par l'art. 481 doit s'entendre dans le sens de *donner quittance ;* mais elle est complétement inutile, car la capacité de recevoir accordée au mineur implique par là même celle de reconnaître ce qu'il a reçu. Il ne faudrait pas traduire le mot *décharge* par *remise;* car le sens serait tout autre et aussi très-inexact, le mineur émancipé ne pouvant consentir des libéralités, même sur ses revenus. Bien entendu, il ne s'agit pas ici de ces libéralités rémunératoires qui constituent des présents d'usage et sont une des conditions nécessaires de l'administration de tout patrimoine. Nous en concluons donc que le mineur ne peut accorder à ses locataires ou fermiers remise totale ou partielle du prix de leur bail, sauf, pour les baux à ferme, dans les cas prévus par les art. 1769 et 1770.

D'une manière générale, il est permis de dire que le mineur émancipé peut aliéner son mobilier corporel, bien que M. Troplong ait prétendu le contraire, en se fondant sur l'art. 482 qui ne permet pas au mineur seul de recevoir ce capital. Il est vrai que l'aliénation des meubles rentre, par sa nature même, dans la classe des actes de disposition, surtout quand il s'agit de choses qui ne sont pas sujettes à un prompt dépérissement. Mais la loi n'a nulle part posé le principe d'une pareille restriction, il semble au contraire bien résulter des art. 482 et 484 qu'elle a entendu laisser au mineur émancipé la libre disposition de son mobilier corporel. Ceci s'explique par l'influence traditionnelle de la vieille maxime : *vilis mobilium possessio,* et aussi par la difficulté pratique qu'il y aurait eu à distinguer, comme le voudrait M. Demolombe, les aliénations corporelles qui constituent un acte de pure administration, lorsque, par exemple, elles portent sur des objets susceptibles d'une prompte détérioration, de celles qui constituent un acte de disposition.

Si l'émancipé exploite lui-même ses immeubles ou se livre à une industrie, il peut vendre ses récoltes ou les produits de son travail. Réciproquement, il peut prendre à ferme ou à loyer le bien d'autrui, acheter les meubles ustensiles et animaux qui lui sont nécessaires, louer des ouvriers et des domestiques.

Ce que nous venons de décider pour les meubles corporels, il faut, croyons-nous, le décider aussi pour les meubles incorporels, tels que créances, rentes, actions de chemins de fer, valeurs de Bourse, etc. — Toutefois l'acheteur agit prudemment en exigeant le concours du curateur à la vente, afin que plus tard elle ne soit pas attaquée comme déguisant une libéralité. Il devra même réclamer cette intervention, si les actes dont s'agit sortent évidemment des limites d'une pure administration.

L'émancipé peut aussi faire par lui-même tous les actes conservatoires de ses droits, par exemple, interrompre les prescriptions qui courent contre lui, renouveler ses inscriptions d'hypothèques, faire un protêt et autres actes analogues. Il pourrait encore assurer ses récoltes ou ses maisons, ordonner des réparations d'entretien sur ses immeubles, même y faire de grosses réparations et des travaux d'amélioration et de perfectionnement, pourvu toujours que ces dépenses restassent dans les limites d'une pure administration et pussent être acquittées sur les revenus. — Ces actes ainsi faits par le mineur émancipé étant aussi inattaquables que s'ils avaient été faits par un majeur (comme nous le verrons plus loin), il peut plaider seul, en ce qui les concerne, soit en demandant, soit en défendant, l'art. 482 n'exigeant l'assistance du curateur que relativement aux actions immobilières.

Quant à la transaction et au compromis, bien que la majorité des auteurs, partant de cette idée que le mineur émancipé est réputé majeur quant aux actes de pure administration, soient d'avis de les permettre au mineur émancipé, pourvu toutefois que les limites d'une pure administration ne soient pas dépassées, je crois que, vu leur importance et les précautions dont la loi les entoure, on doit toujours les lui interdire.

Les auteurs favorables à la transaction de l'émancipé s'appuient sur une phrase de Bigot-Préameneu : « Le mineur » émancipé, dit-il dans l'*Exposé des motifs*, pourra tran- » siger sur les objets d'administration qui lui sont confiés » et sur ceux dont il a la disposition ». Ils enseignent alors que le mineur émancipé est capable de transiger seul sur ses revenus (art. 481), qu'il peut, avec l'assistance de son curateur, transiger sur le compte de gestion et même sur un capital mobilier ; mais, à tous autres égards, ils le soumettent aux formalités de l'art. 467, comme le mineur en tutelle. Ces distinctions sont arbitraires, la loi ne les renferme pas et il est plus sûr de s'en tenir à l'art. 467, quels que soient les inconvénients pratiques qu'il puisse y avoir ; car la transaction ne saurait être rangée parmi les actes d'administration. — Enfin, pour transiger valablement, il faut avoir la *libre disposition* du droit sur lequel on transige ; or l'émancipé n'a pas la *libre disposition* de ses droits mobiliers, puisqu'il ne peut les aliéner à titre gratuit. Mais l'émancipé diffère du mineur en tutelle en ce que, les formalités de l'art. 467 une fois remplies, c'est-à-dire dès qu'il a obtenu l'autorisation du conseil de famille, l'avis de trois jurisconsultes et l'homologation du tribunal, il peut agir seul, sans l'assistance de son curateur.

Pour autoriser le compromis, on s'est fondé sur l'art. 1003 du Code de Procédure qui accorde la faculté de compromettre à toutes personnes *sur les droits dont elles ont la libre disposition* ; or, dit-on, l'art. 481 du Code civil reconnaît à l'émancipé cette faculté de libre disposition pour certains objets. Nous venons de voir ce qu'il faut entendre par *libre disposition*. De plus, l'art. 1004 du Code de Procédure dit formellement que l'on ne peut compromettre *sur aucune des contestations qui seraient sujettes à communication au ministère public ;* or l'art. 83, 6° d même Code range dans cette classe *les causes des mineurs.*

Le mineur émancipé, avons-nous dit, peut plaider seul comme demandeur, ou comme défendeur relativement à ses droits mobiliers ; mais ne faut-il pas qu'il soit assisté de son curateur, lorsqu'il s'agit pour lui de soutenir une action mobilière ayant pour but le paiement d'un capital ? Plusieurs auteurs refusent admettre ici une exception : ils s'appuient sur ce que l'art. 482 ne fait aucune distinction, qu'il y a une grande différence entre plaider et toucher de l'argent. L'opinion contraire nous paraît cependant préférable, et nous dirons avec M. Demolombe que l'art. 482 fait virtuellement la distinction qu'on lui reproche de ne pas faire expressément, puisqu'il ne permet pas à l'émancipé de recevoir seul un capital mobilier. En effet, le mineur plaidant seul pourrait compromettre ce capital ; de plus, son adversaire ne pourrait même pas lui offrir de le lui remettre, afin de terminer le procès à l'amiable !

Il peut aussi intenter seul toutes les actions possessoires ou y défendre, car leur exercice ne constitue que des actes d'administration et ne touche pas au fond du droit (art. 28.

Une question très-controversée est celle de savoir si le mineur émancipé peut seul valablement consentir une hypothèque sur ses immeubles, pour sûreté d'une obligation qui n'excède pas les bornes de sa capacité.

L'art. 484, disent les partisans de l'affirmative, ne défend pas et ne pouvait pas défendre au mineur d'hypothéquer ses immeubles. Permettant à l'émancipé de s'obliger personnellement dans certains cas, la loi l'autorise par là même à affecter tous ses biens à l'acquittement de son obligation (art. 2092) or l'hypothèque n'est qu'un mode spécial de cette affectation, d'où il suit que la capacité de s'obliger personnellement emporte celle d'hypothéquer ses immeubles. — Le mineur émancipé ne peut, il est vrai, aliéner ses immeubles mais c'est dans l'obligation elle-même et non dans l'hypo thèque que se trouve le germe de l'aliénation, puisque c'est l'obligation seule qui donne au créancier le droit de saisir et de faire vendre. On écarte les art. 2124 et 2126 en disant qu'ils ne s'appliquent qu'au cas où le mineur hypothèque son immeuble à la dette d'un tiers. L'art. 6 du Code de commerce permet formellement à l'émancipé d'hypothéquer ses immeubles bien qu'il ne puisse les aliéner directemen. Si le mineur ne peut hypothéquer ses immeubles, comment expliquer que ses biens puissent être grevés d'une hypothèque judiciaire (art. 2123) et des priviléges des art. 2101 et 2103 ! Enfin, si l'hypothèque nuit au mineur, il faut remarquer qu'elle nuit encore plus à ses créanciers hypothécaires. Elle a même pour lui cet avantage que le créancier est obligé de discuter d'abord les immeubles qui lui sont hypothéqués; elle peut servir à augmenter son crédit.

Quelque spécieux que soient ces arguments, nous croyons cette doctrine contraire à la fois aux textes, aux principes et à l'intérêt des mineurs. L'hypothèque doit être rangée parmi les actes que l'émancipé ne peut faire seul; c'est du reste la solution adoptée par la majorité des auteurs. — L'art. 484 n'avait pas besoin de défendre au mineur d'hypothéquer ses immeubles, puisqu'il lui défend de *faire seul aucun acte autre que ceux de pure administration*; or, jamais la constitution d'hypothèque n'a été rangée dans la catégorie des actes de pure administration: l'art. 1988 nous montre même formellement le contraire. Il est contraire aux principes de soutenir qu'il suffit que l'obligation personnelle soit valablement consentie pour que l'hypothèque le soit également. L'obligation et l'hypothèque sont deux choses distinctes ; il n'y a évidemment pas d'hypothèque valable sans obligation principale, mais la validité de cette obligation n'entraîne pas forcément celle de l'hypothèque. -- Le germe de l'aliénation se trouve bien, quoiqu'on prétende, dans l'hypothèque et non dans l'obligation elle-même. En effet, l'art. 2124 nous dit expréssément que, pour être capable d'hypothéquer un immeuble, il faut être capable de l'aliéner ; or le mineur émancipé ne peut seul aliéner ses immeubles, donc il ne peut les hypothéquer. Quant à l'art. 2126, ses termes sont absolus et il ne distingue pas entre les mineurs émancipés et ceux qui ne le sont pas. — Si l'émancipé peut hypothéquer seul ses immeubles, l'art. 6 du Code de commerce qui se justifie très-bien par la rapidité des opérations commerciales et la nécessité d'obtenir du crédit devient complétement inutile, puisqu'il ne fait que rappeler un principe certain. — L'argument que l'on s'efforce de tirer des art. 2101 et 2103 n'est vraiment pas sérieux ; car on semble oublier que les priviléges dérivent de la loi elle-même et sont attachés à la qualité même de la créance, tandisque nous nous occupons des hypothèques conventionnelles. Il en est de même de l'hypothèque judiciaire (art. 2123), car la volonté de l'émancipé n'y est pour rien. — Enfin si l'hypothèque est défavorable aux créanciers, il faut reconnaître qu'elle nuit encore bien plus au débiteur dont elle altère le crédit ; autrement, il faudrait dire qu'il est plus avantageux de s'obliger avec hypothèque que de contracter une simple obligation personnelle !

Une autre question assez discutée, est celle de savoir si l'émancipé peut seul acquérir des immeubles. Suivant Marcadé et la jurisprudence, cette acquisition sera toujours valable, sauf réduction en cas d'excès, comme nous le verrons plus loin ; car l'art. 484 ne fait aucune distinction entre les meubles et les immeubles. Une autre opinion soutenue par M. Troplong, répond que l'article fait implicitement cette distinction, puisqu'il ne permet à l'émancipé que les acquisitions qui rentrent dans les limites d'une pure administration ; or, un achat d'immeubles n'étant pas un acte de pure administration, on doit toujours l'interdire au mineur. En présence de ces systèmes opposés, M. Demolombe a cru trouver dans l'esprit de la loi les motifs d'une décision intermédiaire. Le mineur émancipé est maître de ses revenus et les emploie comme il l'entend; donc il peut, dit le savant professeur, les économiser et en acheter des immeubles aussi bien que des rentes sur l'État ou sur des particuliers. Quant à ses capitaux, il ne peut seul les employer en acquisitions d'immeubles ou de rentes, parce que l'art. 482 le lui défend. Cette doctrine doit, suivant son auteur, être étendue à tous les actes qui, par leur caractère et leur importance, excèdent les limites d'une pure administration et entraînent une dépense qui ne peut s'acquitter sur les revenus. — La distinction très-ingénieuse sur laquelle se base ce système ne nous semble pas devoir être admise, et il nous semble plus sûr de s'en tenir à l'avis de ceux qui interdisent au mineur émancipé toute acquisition d'immeubles ; car on ne saurait admettre, sans violer le principe contenu dans l'art. 484, que l'acquisition d'un immeuble constitue un acte de pure administration !

Les divers actes que l'émancipé est capable de faire seul peuvent être accomplis par lui au comptant ou à crédit ; car, malgré le danger qu'il peut y avoir à le laisser ainsi engager d'avance des revenus, il ne faut pas lui enlever le moyen de pourvoir aux besoins de sa maison et à l'entretien de son patrimoine. — L'art. 85 du projet (1) était ainsi conçu : « Le mineur émancipé ne peut valablement s'engager par » promesse ou obligation, que jusqu'à concurrence d'une » année de ses revenus; s'il s'oblige au delà, ses créanciers » n'auront d'action sur ses biens, que pour une somme » égale à cette année de revenus et par concours entre eux, au » marc le franc de leurs créances. » Mais on reconnut que cette disposition était impraticable : Cambacérès fit remarquer qu'on enlèverait ainsi toute garantie aux fournisseurs, puisqu'ils ne pourraient connaître exactement les revenus du mineur ni la somme par laquelle ils étaient engagés, ce qui ruinerait par là-même le crédit de l'émancipé. Cet article primitif fut donc supprimé, et on valida les créances pour les fournitures qui n'excéderaient pas les besoins présumés de l'émancipé, selon son état et ses facultés. Les obligations personnelles contractées par l'émancipé à raison d'un acte de pure administration sont donc valables d'après le droit commun, et le créancier a pour gage tous les biens de l'émancipé (art. 2092).

§ 2. — *Actes pour lesquels l'assistance du curateur est nécessaire, mais suffisante.*

La règle générale, est que l'intervention du curateur est nécessaire pour tous les actes qui sortent des limites d'une pure administration. C'est toujours l'émancipé, qui accomplit ses actes par lui-même; mais ils ne sont régulièrement faits qu'autant qu'il a agi avec l'assistance du curateur. Lorsqu'ils sont d'accord pour agir, ce qui est le cas le plus

---

(1) *Fenet*, tome x, page 565.

ordinaire, l'acte est aussi valable et aussi inattaquable que s'il était fait par un majeur. Mais qu'arrivera-t-il lorsqu'ils seront chacun d'un avis différent relativement à l'opportunité d'un acte ?

Supposons d'abord que, le mineur voulant agir, son curateur refuse de l'assister, lorsqu'il s'agit, par exemple, pour lui de faire un contrat important ou de soutenir un procès. Le refus du curateur ne doit pas enlever à l'émancipé l'exercice de ses droits, puisque c'est en somme lui qui agit et prend l'initiative. Le mineur aura donc le droit de se pourvoir contre ce refus devant le conseil de famille qui enjoindra, s'il y a lieu, au curateur de lui prêter son assistance ou le remplacera par un curateur *ad hoc* ou même par un autre curateur définitif, s'il persiste dans sa résistance Cette solution nous semble conforme à l'esprit général du Code qui permet à la femme mariée de s'adresser à la justice, lorsque son mari refuse de l'autoriser (art. 218), qui admet la mère tutrice légale à se pourvoir devant le conseil de famille contre le refus d'assistance du conseil que lui a nommé son mari (art. 391), qui enfin accorde à l'individu pourvu d'un conseil judiciaire le recours devant les tribunaux pour vaincre la résistance de ce dernier.

Si, au contraire, c'est le mineur qui ne veut pas agir alors que le curateur l'y engage et est prêt à 'assister, que décider ? Par exemple, il s'agit pour l'émancipé de faire à l'un de ses immeubles une réparation urgente, de poursuivre un débiteur qui va devenir insolvable, d'interrompre une prescription qui court contre lui : il n'en veut rien faire. La loi est encore muette sur ce point, aucun texte ne donne au curateur le moyen de protéger l'émancipé malgré lui. C'est en effet, avons-nous dit plus haut, le mineur seul qui a le droit d'agir et d'administrer ; le curateur ne peut que l'assister. On ne peut donc intervertir les rôles, et ce sera la volonté du mineur qui devra prévaloir. Toutefois en pratique cette solution présente moins de dangers qu'on ne pourrait le croire; car il ne peut faire seul les actes les plus importants. La Cour de cassation reconnaît au conseil judiciaire le droit de former opposition à un jugement rendu par défaut contre le prodigue et contre lui, car elle le considère comme ayant été partie dans l'instance (Cass. 8 déc. 1841, 27 déc. 1843) : il doit en être de même pour le curateur de l'émancipé.

Après avoir examiné ce qui a lieu au cas de désaccord entre l'émancipé et son curateur, voyons maintenant dans quelles circonstances l'assistance de ce curateur est requise par la loi.

En première ligne, nous trouvons le compte de tutelle qui, nous dit l'article 480, doit être rendu à l'émancipé avec l'assistance de son curateur. On a soutenu qu'il devait être rendu en justice, parce que, dit-on, il y a là une véritable transaction à laquelle on doit appliquer l'art. 467. Cette solution repose sur une confusion évidente; car, outre le texte précis de l'art. 480, la reddition du compte de tutelle ne constitue pas par elle-même une *transaction* proprement dite. Sans doute, s'il s'élève entre le mineur et son curateur des difficultés sur lesquelles il y ait lieu de transiger, on devra avoir recours aux formalités exigées par l'art. 467 : mais alors ce ne sera plus la reddition elle-même du compte de tutelle qui sera en jeu. Ce compte peut donc être rendu à l'amiable : le mineur assisté de son curateur donnera quittance du reliquat à son tuteur, comme lorsqu'il s'agit pour lui de recevoir un capital mobilier ordinaire et d'en donner décharge (art. 482).

L'art. 482 parle d'un *capital mobilier*, parce que, à l'époque de sa rédaction, l'art. 520 n'existait pas et les rentes foncières étaient toujours réputées immeubles. Il peut encore y avoir aujourd'hui certains capitaux immobilisés par une disposition expresse, tels que les rentes sur l'État et les actions de la Banque de France, en vertu du décret du 16 janvier 1808; on leur appliquera l'art. 484.

Un capital, dit M. Demolombe (tome 8, n° 298), est toute somme qui n'est n'y due ni payée à titre d'intérêts, d'arrérages, de fruits, de jouissances, pourvu toutefois qu'elle ait une certaine importance. C'est donc à tort, croyons-nous, que l'on a prétendu que le mineur émancipé qui a la libre disposition de ses revenus peut par là même disposer librement des capitaux provenant des économies par lui faites sur ses revenus. De plus, le texte de l'art. 482 est absolu et ne distingue pas l'origine du capital; on ne peut pas arbitrairement priver le mineur d'une protection que la loi a voulu lui accorder dans une large mesure. Enfin, si l'on admettait cette doctrine, comme tous les capitaux ou à peu près ont leur source dans des économies antérieurement faites, la règle de l'art. 482 ne serait presque jamais appliquée.

Le curateur doit en outre surveiller l'emploi du capital reçu par le mineur avec son assistance, d'où il suit qu'il est responsable du mauvais emploi que celui-ci en pourra faire par suite de sa négligence (art. 1383).

L'assistance du curateur est encore exigée pour intenter une action immobilière ou y défendre : dans ce dernier cas, le demandeur doit assigner l'émancipé personnellement et le curateur pour l'assister. L'art. 744 du Code de procédure exige aussi cette assistance pour que l'émancipé puisse poursuivre l'expropriation forcée des immeubles de son débiteur et consentir à ce que cette saisie immobilière soit convertie en vente volontaire. — Cependant, lorsqu'il s'agit d'aquiescer à une demande immobilière, d'éminents jurisconsultes exigent en outre l'autorisation du conseil de famille; car, disent-ils, elle est nécessaire pour que l'émancipé puisse aliéner un droit immobilier, et l'aquiescement peut renfermer une aliénation. Il sera certainement très-sage de procéder ainsi; mais il nous semble que la loi qui permet à l'émancipé de plaider en matière immobilière avec la seule assistance de son curateur lui confère par là même le droit de faire tout ce qu'exige la conduite du procès (Cass. 27 mars 1832). Aux termes de l'art. 935, la seule assistance du curateur suffit pour que l'émancipé puisse valablement accepter une donation entre-vifs. Toutefois ses père et mère ou autres ascendants, même du vivant des père et mère et bien qu'ils ne soient pas curateurs, peuvent accepter pour lui : cette disposition a été copiée dans l'ordonnance de 1731 (art. 7), les rédacteurs ayant pensé que la qualité de ces personnes offrait des garanties suffisantes. Si la donation était offerte à l'émancipé par le curateur lui-même, elle ne pourrait être acceptée que par un curateur *ad hoc*.

Nous donnerons la même solution pour les legs universels ou à titre universel faits à l'émancipé; car, comme légataire universel ou à titre universel, il doit contribuer au paiement des dettes (art. 1006, 1009 et 1012). De plus, il s'agit d'une libéralité dont le curateur doit apprécier la cause et la convenance. — J'en dirai autant des legs particuliers; car ils peuvent être greves de charges que le mineur ignore ou dont il ne comprend pas bien toute l'importance.

La présence du curateur est encore nécessaire pour que l'émancipé puisse valablement provoquer un partage définitif ou répondre à une demande en partage formée contre lui (art. 840). Qu'il s'agisse de meubles ou d'immeubles, peu importe; le principe est général, et le partage est toujours un acte des plus graves, à raison des capitaux et des universalités de meubles qu'il peut avoir pour objet. Le partage doit être fait en justice conformément aux dispositions du Code civil (art. 819 et suiv. et 838) et du Code de procédure (art. 966 et suiv.). — Si toutes les formalités requises n'ont pas été observées, par exemple, si le mineur a figuré seul au partage, il ne sera que provisionnel ou de jouissance (art. 818). Quant à la propriété, ce partage est évidemment nul, le mineur n'ayant pu faire seul un partage définitif. Toutefois la majorité des auteurs et la jurisprudence, malgré quelques décisions contraires, ne voient ici qu'une nullité relative et ne permettent pas aux copartageants majeurs de s'en prévaloir. Après sa majorité, l'émancipé peut, à son choix, ratifier le partage et le tenir pour définitif, ou le faire annuler et en provoquer un nouveau. Ses co-partageants majeurs ont aussi le droit de le mettre en demeure par une sommation de prendre un parti dans un délai que fixera le tribunal. — A cause de l'importance des opérations du partage, certains auteurs ont même soutenu que, outre l'assistance de son curateur, l'émancipé devait encore obtenir pour intenter une demande en partage l'autorisation du conseil de famille. Le texte de l'art. 840 nous paraît trop précis pour rendre admissible une pareille interprétation.

De cet art. 840, on a conclu que la femme mineure qui veut demander la séparation de biens contre son mari peut y procéder avec la seule assistance de son curateur, cette demande ayant pour résultat le partage de la communauté ou la restitution de la dot. Cependant, à raison de l'importance d'une telle demande, puisqu'il s'agit de la dissolution des conventions matrimoniales, on peut soutenir que l'autorisation du conseil de famille est nécessaire d'autant plus que, si le mari est curateur de sa femme, celle-ci devra demander au conseil un curateur *ad hoc*.

— Lorsque c'est le mari qui est mineur, il doit de même être assisté de son curateur pour défendre à la demande formée par sa femme. Cette assistance nous paraît nécessaire dans tous les cas, vu l'importance du débat, même quand la dot de la femme serait purement mobilière (1).

D'après la loi du 24 mars 1806, l'assistance du curateur suffit à l'émancipé pour opérer le transfert de ses rentes sur l'Etat qui n'excèdent pas 50 francs; le décret du 25 septembre 1813 applique la même décision aux actions ou portions d'action de la Banque de France. Au-dessus de ce chiffre, l'autorisation du conseil de famille est nécessaire.

Faut-il appliquer ces dispositions aux rentes sur particuliers? Plus généralement, le mineur émancipé peut-il, avec la seule assistance de son curateur, vendre et transporter ses créances?

Il faut donner par analogie la solution que l'on donne pour le mineur en tutelle. Il s'agit ici de meubles incorporels; or l'art. 452 qui contient le principe ne les régit pas, puisqu'il parle de meubles que l'on doit conserver *en nature* et a pour but de convertir en un capital productif les meubles sujets à dépérissement. — C'est une question très-discutée au titre *de la Tutelle* que celle de savoir si le tuteur peut seul vendre les meubles incorporels du pupille ou s'il a besoin pour cela de l'autorisation du conseil de famille; car le Code est complétement muet sur la question. L'opinion la plus suivie et qui nous semble préférable pense que le tuteur a qualité pour agir seul dans cette circonstance, sauf à engager gravement sa responsabilité, si, ayant négligé de consulter le conseil de famille, il a vendu dans

(1) *Contrà*, Aubry et Rau, tome I, page 497.

de mauvaises conditions. Dans le silence de la loi, elle s'appuie sur ce principe que, le tuteur étant le représentant général du patrimoine du pupille, il est capable de faire seul et sans formalités, à l'égard des tiers, les actes pour lesquels aucune condition spéciale n'est exigée. Quant à la loi de 1806 et au décret de 1813, rien n'indique qu'ils aient voulu changer d'une manière aussi radicale les dispositions du Code. — Raisonnant par analogie, nous dirons donc que le mineur émancipé peut, avec la seule assistance de son curateur, vendre ses rentes sur particuliers, même au-dessus de 50 francs, et, plus généralement, céder ses créances.

Enfin il est une classe d'actions très-importantes sur lesquelles le Code ne s'est pas plus prononcé à propos du mineur émancipé que du mineur en tutelle; ce sont toutes les actions d'Etat, telles que les demandes en nullité de mariage, en séparation de corps, en réclamation de filiation légitime ou naturelle, en désaveu d'enfant. Les auteurs et la jurisprudence sont très-divisés sur le point de savoir comment le mineur émancipé pourra les exercer; parmi les diverses opinions, nous préférons celle qui n'exige pour l'exercice de ces actions que l'assistance du curateur sans autre formalité. A cause de leur importance, on peut les assimiler aux actions immobilières (art. 484). Vainement objectera-t-on qu'elles exigent l'appréciation d'intérêts moraux, qu'elles touchent souvent à l'honneur et à la dignité de l'émancipé, enfin (pour la séparation de corps surtout) que ce sont des questions essentiellement personnelles dont le mineur seul doit être juge. Nous répondrons que le droit de les intenter appartenant exclusivement à l'émancipé et le seul rôle du curateur étant de l'assister dans la procédure, les susceptibilités de l'émancipé sont ménagées; l'intervention du curateur ne peut au contraire que lui être très-utile pour le guider dans la direction d'un procès où ses passions sont souvent en jeu. — Le mineur émancipé pouvant fixer son domicile là où il veut, peut-être aurait-on été tenté d'en conclure qu'il était par là même capable de changer de nationalité. Mais c'est là un acte qui doit lui être aussi complètement interdit que s'il était encore en tutelle, car les lois de 1849 et 1867 sur la naturalisation et les art. 9 et 10 du Code civil ne parlent que des majeurs.

Examinons, pour terminer, si, dans le cas où une demande en interdiction est formée contre le mineur émancipé, son curateur doit être mis en cause. — La question dépend d'abord de celle-ci : *Un mineur peut-il être interdit?* Nous n'hésitons pas à la résoudre affirmativement avec la majorité des auteurs, bien que l'art. 489 ne parle que du *majeur;* car il y a des circonstances où l'interdiction d'un mineur en tutelle peut être très-utile. Pour le mineur émancipé, objecte-t-on, l'interdiction est inutile, puisqu'on peut toujours faire révoquer l'émancipation. Mais, répondrons-nous, si ce mineur qui se trouve dans les cas prévus par l'art. 489, c'est-à-dire dans un état habituel d'imbécillité, de démence ou de fureur, n'a pourtant contracté aucun engagement excessif, il n'est pas dans les conditions exigées par l'art. 485 et la révocation de l'émancipation est impossible. De plus, si le mineur est marié, la majorité des auteurs admet avec raison, croyons-nous, que l'émancipation tacite qui lui a été conférée est irrévocable. D'ailleurs, en supposant que le mineur émancipé touche bientôt à sa majorité, on sera forcé dans le système de nos adversaires d'employer, presque coup sur coup, contre lui deux mesures différentes : d'abord, la révocation de l'émancipation, puis aussitôt après l'interdiction ! — Revenons maintenant à notre question primitive dont la solution est aisée. Pour le mineur en tutelle, lorsqu'une demande en interdiction est formée contre lui, on admet généralement que le tuteur doit être mis en cause (art. 450). Quant au mineur émancipé, on admet au contraire que l'assistance du curateur est inutile; car elle n'est requise que pour certains actes déterminés et l'émancipé a lui-même l'exercice de ses droits (1). Nous ne saurions nous ranger à cette dernière opinion; quand nous voyons l'assistance du curateur exigée dans des cas relativement peu importants, nous ne pouvons penser que le législateur ait voulu abandonner complètement l'émancipé à lui-même, lorsqu'il s'agit pour lui de défendre à une demande en interdiction où son état et sa capacité sont en jeu. L'assistance du curateur nous paraît donc ici indispensable et il doit être mis en cause (2).

§ 3.— *Actes pour lesquels il faut, outre l'assistance du curateur, l'autorisation du conseil de famille.*

Le principe à cet égard est contenu dans l'art. 484 qui refuse au mineur émancipé le droit de « faire aucun acte autre que ceux de pure administration, sans observer les formes prescrites au mineur non émancipé. » Les actes dont il s'agit ici sont les trois suivants:

1. Aliénation d'une inscription de rente sur l'Etat ou d'une action de la Banque de France au-dessus de 50 fr.

---

(1) Bourges, 22 déc. 1862. — Cass., 15 mars 1858. — Demolombe, tome VIII, n° 411 bis. — (2) Ce que nous avons dit de l'interdiction du mineur est, par les mêmes motifs, applicable à la nomination d'un conseil judiciaire.

(loi du 24 mars 1806, art. 3 ; décret du 25 septembre 1813).

II. Acquiescement à une demande immobilière : cela résulte de la combinaison des articles 464 et 484.

III. Acceptation ou répudiation d'une succession : cela résulte de la combinaison des articles 461 et 484 ; mais l'acceptation n'a jamais lieu que sous bénéfice d'inventaire.

MM. Aubry et Rau (tome I, p. 499) ont soutenu que l'assistance du curateur était ici inutile à l'émancipé et que l'autorisation du conseil de famille suffisait. En effet, disent-ils, la rédaction primitive de l'article 484 soumise au Tribunat exigeait formellement l'assistance du curateur ; or cette condition fut supprimée dans le texte définitif, ce qui prouve bien la pensée du législateur. — Cependant nous préférons l'opinion contraire, car il nous semble arbitraire de tirer une conséquence aussi grave de la suppression de quelques mots opérée sans autre explication. En outre, l'assistance du curateur, qui est la règle ordinaire, nous paraît ici d'autant plus nécessaire que les actes dont il s'agit ont plus d'importance : ce serait donc aller contre l'esprit de la loi que de priver ainsi l'émancipé d'une garantie à laquelle l'adjonction d'autres formalités n'enlève rien de son utilité. — Nous en dirons autant pour la catégorie d'actes qui suit.

§ 4. — *Actes pour lesquels il faut, outre l'assistance du curateur et l'autorisation du conseil de famille, l'homologation du tribunal.*

Le principe est encore contenu dans l'article 484. Mais, comme ces actes, à raison de leur gravité, peuvent compromettre davantage la fortune de l'émancipé, la loi n'exige pas seulement l'assistance du curateur et l'autorisation du conseil de famille, elle veut encore que le tribunal soit appelé à juger de l'opportunité du contrat et qu'il donne son homologation après avoir entendu les conclusions du ministère public, absolument comme si le mineur n'était pas émancipé.

I. Aux termes de l'article 483, « l'émancipé ne pourra » faire d'emprunts *sous aucun prétexte* », sans remplir toutes les formalités sus-énoncées. Par ces expressions si absolues, la loi a voulu prohiber complétement les prêts, « ce » fléau de l'inexpérience, qui ne doivent pas exister pour » un mineur même émancipé », a dit l'orateur du gouvernement. Un article du projet permettait au mineur d'emprunter seul jusqu'à concurrence d'une année de ses revenus, mais il fut supprimé dans la rédaction définitive. L'émancipé ne peut donc jamais emprunter seul, pas même pour subvenir à des dépenses de pure administration : on devrait annuler toutes les conventions ou combinaisons indirectes par lesquelles il aurait cherché à déguiser un emprunt, ainsi que le cautionnement par lequel il se porterait garant de la dette d'un tiers.

II. Les mêmes garanties sont exigées par l'aliénation à titre onéreux. La règle est générale, il faut l'appliquer même à la vente d'immeubles achetés avec les épargnes de l'émancipé ou les économies faites sur ses revenus ; il importe avant tout de lui conserver intacte sa fortune immobilière.

III. Dans cette catégorie rentre aussi l'hypothèque des immeubles de l'émancipé, bien que la question soit discutée, comme nous l'avons vu précédemment. Il faut en dire autant de l'antichrèse qui confère au créancier un véritable droit réel sur l'immeuble et que la loi du 23 mars 1855 (art. 2, 1°) soumet d'ailleurs à la transcription.

Dans tous les cas où le conseil de famille est appelé à délibérer sur une question d'emprunt, d'aliénation ou d'hypothèque, il ne doit autoriser l'émancipé que pour cause d'une nécessité absolue ou d'un avantage évident. On a prétendu supprimer cette condition posée dans l'article 457 pour les mineurs en tutelle, sous prétexte que les articles 483 et 484 ne la renferment pas; mais, pour maintenir cette sage garantie, il suffit de se rappeler que la loi trace dans le chapitre *de l'Emancipation* des règles spéciales et se réfère pour le reste aux principes de la tutelle.

IV. Enfin l'émancipé ne peut transiger qu'avec l'assistance de son curateur et l'autorisation du conseil de famille et après avoir pris l'avis motivé de trois jurisconsultes (1) désignés par le procureur de la République. La transaction doit être en outre homologuée par le tribunal, après avoir entendu le ministère public. — Nous avons dit précédemment ce qu'il faut penser de la doctrine qui prétend que l'émancipé peut faire seul toutes les transactions relatives à des actes de pure administration.

§ 5. — *Actes absolument interdits à l'émancipé.*

Il est enfin certains actes que le mineur émancipé ne peut pas faire du tout, pas plus que le mineur en tutelle ou le tuteur lui-même.

I. En première ligne, nous placerons la donation entre-vifs. Cependant on permet à l'émancipé, avons-nous déjà

---

(1) Sont réputés jurisconsultes les avocats inscrits au tableau depuis dix ans.

dit, les cadeaux et présents d'usage. — En outre, il peut par son contrat de mariage donner tout ou partie de sa fortune à son futur conjoint, pourvu qu'il ait autorisation de ceux qui doivent consentir à son mariage (art. 1309 et 1398).

II. Le mineur émancipé qui n'a pas seize ans accomplis ne peut tester : au delà de cet âge, il ne peut disposer par testament que de la moitié des biens qu'il pourrait léguer s'il était majeur (art. 903 et 904).

III. Bien que l'émancipé puisse être choisi pour mandataire (art. 1990), l'art. 1030 défend de le prendre pour exécuteur testamentaire, à cause des difficultés inhérentes à une telle mission et de la responsabilité qui peut en résulter.

IV. Enfin il ne peut jamais faire de compromis, c'est-à-dire soumettre à la décision de simples arbitres un différend dans lequel il est intéressé, même lorsqu'il s'agit, avons-nous vu plus haut, d'un acte de pure administration.

SECTION II. — DU MINEUR ÉMANCIPÉ COMMERÇANT.

Le Code civil avait admis le principe de l'ordonnance de 1673 (art. 3) qui autorisait les mineurs à faire le commerce, tout en le restreignant aux mineurs émancipés. Le projet du Code de commerce consacrait la même règle : elle fut critiquée par les tribunaux appelés à émettre leur avis, quelques-uns contestèrent même l'utilité d'autoriser les mineurs à faire le commerce sous une législation, qui fixait la majorité à vingt et un ans. Cependant le conseil d'Etat reconnut que, dans bien des cas, un mineur pouvait avoir grand intérêt à devenir commerçant, qu'il fallait donc accorder cette permission d'une manière générale. Toutefois, pour prévenir les abus possibles, on exigea non-seulement que le mineur fût préalablement émancipé, mais encore remplît plusieurs conditions spéciales. Il faut pour le commerce une capacité très-étendue; la capacité restreinte et limitée que confère l'émancipation n'aurait donné aux tiers aucune sécurité ni par suite aucun crédit au mineur dans ses opérations commerciales.

Pour qu'un mineur de l'un ou de l'autre sexe puisse être commerçant ou même seulement faire des actes de commerce, il faut :

1° Qu'il soit émancipé expressément ou tacitement, peu importe;

2° Qu'il ait dix-huit ans accomplis, lors même qu'il aurait été émancipé avant cet âge ;

3° Qu'il soit préalablement autorisé à cet effet par son père ou par sa mère, en cas de décès, interdiction ou absence du père. A défaut du père et de la mère, l'autorisation sera donnée par le conseil de famille dont la délibération devra être soumise à l'homologation du tribunal (1);

Il faut toujours un acte exprès d'autorisation, un simple consentement ne suffirait pas pour habiliter l'émancipé à une profession commerciale. Mais on ne doit pas exiger que l'autorisation soit donnée par devant notaires ou par devant le juge de paix, car aucun texte ne le prescrit. Si l'on objecte que rien dans un acte sous seing privé ne garantit la sincérité de la signature, de l'écriture et de la date, nous répondrons que, pour rendre cet acte aussi régulier qu'un acte authentique, il suffit d'en faire légaliser la signature et

(1) S'il s'agit d'une mineure mariée, l'autorisation du mari, même tacite, serait aussi nécessaire (art. 4, code comm.). Si, en outre, le mari est mineur ou ne peut ou ne veut autoriser sa femme, celle-ci s'adressera à la justice qui l'autorisera et lui nommera de plus un tuteur *ad hoc* pour l'assister (Marc., tome I, art. 224, n° 3).

de lui donner date certaine par l'enregistrement. — De plus, bien que des auteurs aient pensé que la question devait se résoudre en fait et d'après les circonstances (voy. Demol. tome 4, n° 305), nous croyons que cette autorisation doit être spéciale, c'est-à-dire désigner la branche de commerce que l'émancipé doit embrasser. Outre que cette solution est dans l'intérêt du mineur dont on doit consulter les aptitudes, elle nous paraît aussi résulter des termes de l'art. 3 du Code de commerce qui exige que l'émancipé soit autorisé même quand il ne veut faire que des actes de commerce isolés, et aussi de l'art. 487 du Code civil, qui nous dit que « le mineur émancipé qui fait un commerce, est réputé majeur *pour les faits relatifs à ce commerce* », mais non pour tous les actes commerciaux en général.

4° Que l'acte d'autorisation soit enregistré au greffe et affiché dans l'auditoire du tribunal de commerce du lieu où l'émancipé veut s'établir; s'il n'en existe point, les mêmes formalités seront accomplies au tribunal civil.

Ces quatre conditions sont exigées à peine de nullité. L'émancipé qui ne les aurait pas préalablement remplies ferait en vain des actes de commerce, il ne serait pas commerçant et n'aurait que la capacité civile de l'émancipé ordinaire : aucune des dispositions du Code de commerce ne lui serait applicable.

Si, au contraire, il a satisfait aux conditions imposées par la loi, il acquiert, outre la qualité de commerçant, une capacité et des droits nouveaux. L'art. 487 le répute majeur pour tous les faits relatifs à son commerce, d'où il suit qu'il peut faire seul, sans avoir besoin de son curateur ni de son conseil de famille ni du tribunal, toutes les opérations nécessaires à l'exercice de sa profession. Il a donc le droit de vendre, acheter, emprunter, plaider, compromettre, transiger; il peut même engager ou hypothéquer ses immeubles pour sûreté de ses obligations commerciales, afin de se procurer l'argent et le crédit dont il a besoin. Toutefois l'art. 6 du Code de commerce exige que, pour aliéner ses immeubles, il observe les formalités prescrites aux mineurs en tutelle par les art. 457 et suivants du Code civil. Mais cette restriction à sa capacité ne prive pas ses créanciers commerciaux du droit de faire saisir et vendre ses immeubles, sans discuter préalablement son mobilier (art. 2206), puisqu'à leur égard, en ce qui concerne leurs titres commerciaux, il est réputé majeur (Pardessus, *Dr. com.* t. 1, n° 60).

Par suite de cette majorité fictive, l'émancipé commerçant, à la différence des autres mineurs, pouvait, avant la loi de 1867, être soumis à la contrainte par corps (art. 2064, loi de 1832, art. 2, 2°). De même, la prescription court contre lui pour toutes les obligations et les faits relatifs à son négoce. Enfin l'art. 1308 complétant l'art. 487 déclare : « Le mineur commerçant, banquier ou artisan, n'est point » restituable contre les engagements qu'il a pris à raison » de son commerce ou de son art ».

Cette capacité extraordinaire de l'émancipé ne s'applique qu'à ses actes commerciaux ; pour tous les actes purement civils, il reste soumis à toutes les dispositions et à toutes les formalités de droit commun. Majeur relativement aux premiers, il n'est que mineur émancipé en ce qui concerne les seconds; il y a donc pour les personnes qui contractent avec lui un grand intérêt à savoir s'il fait un acte relatif ou non à son commerce. Aucun doute n'est possible lorsqu'il s'agit d'un acte commercial par sa nature, comme une lettre de change, ou lorsque, en traitant, l'émancipé a déclaré que l'acte concernait son négoce. De même, lorsque le mineur fait une donation, accepte une succession, l'acte est évidemment civil.

Mais que décider dans le cas où les actes qu'il a passés n'indiquent pas par leur nature même dans quel but ils ont été faits? Ainsi, par exemple, s'il emprunte d'un commerçant, devra-t-on présumer que cet emprunt a été contracté pour les besoins de son commerce, ou devra-t-on admettre la présomption contraire? En d'autres termes, si plus tard il demande la nullité de cet emprunt, sera-ce à lui à prouver qu'il a été fait dans un but étranger à son commerce ou à son adversaire à prouver qu'il s'y rapporte? Il s'agit donc ici de savoir si son obligation est valable ou non, nullement de savoir si elle est commerciale ou civile, question qui n'offre qu'un intérêt de compétence, surtout depuis l'abolition de la contrainte par corps.

Trois systèmes principaux sont en présence : Un premier système soutient qu'en principe l'obligation n'est pas valable, l'incapacité du mineur étant de droit commun; un second système prétend au contraire qu'elle est toujours valable, l'art. 638 du Code de commerce étant suffisamment explicite; enfin un troisième distingue entre les simples billets souscrits par le mineur émancipé commerçant pour lesquels il admet le second système et les aliénations et emprunts consentis par lui devant notaire pour lesquels il admet le premier système. Sans entrer dans l'examen détaillé de chacune de ces trois opinions entre lesquelles les auteurs se sont partagés, nous nous contenterons d'exposer à cet égard la doctrine qui nous paraît préférable (1).

Il faut, je crois, décider que tous les actes faits par un mineur émancipé commerçant sont, jusqu'à preuve con-

---

(1) Les auteurs n'ont traité la question qu'à propos de la femme mariée autorisée à faire le commerce, mais le raisonnement est le même pour le mineur émancipé.

traire, réputés étrangers à son commerce toutes les fois que leur propre nature ne révèle point nécessairement un caractère commercial. L'obligation contractée par le mineur n'est donc pas valable, à moins que ses créanciers ne prouvent qu'elle a un caractère commercial ou que ce caractère ne résulte de l'acte lui-même. En effet, avons-nous dit plus haut, la capacité de l'émancipé doit, en général, s'interpréter restrictivement. Pour lui, comme pour le mineur en tutelle et la femme mariée, *l'incapacité est le droit commun, la capacité n'est que l'exception;* ce qui le prouve, c'est que la loi prend soin d'énumérer limitativement les actes qu'elle l'autorise à faire et indique en même temps les conditions de validité qu'elle met à chacun d'eux. Or, lorsqu'on se trouve en présence du droit commun et d'une exception, ce n'est pas la règle qui a besoin d'être prouvée, mais l'exception. Le mineur émancipé commerçant qui demande la nullité d'un acte en se fondant sur son incapacité se place dans le droit commun, son adversaire soutenant qu'il a été capable de faire cet acte invoque une exception dont il doit faire la preuve. Pour qu'il en fût autrement, il faudrait que la loi eût établi une présomption en faveur de ceux qui traitent avec l'émancipé, or nous n'en trouvons trace nulle part. — Il est vrai que l'art. 638 du Code de commerce dit que *les billets souscrits par un commerçant seront censés faits pour son commerce*. D'abord cette présomption, en la supposant applicable à notre espèce, ne s'applique qu'aux *billets* et un commerçant a bien d'autres manières de s'obliger pour son commerce; mais il faut, il me semble, aller plus loin et la rejeter complètement. La présomption légale définie par l'art. 1350 ne peut être étendue d'un fait ou d'un acte à un autre différent; car ce serait la créer, ce que le législateur seul peut faire. Or de la présomption écrite dans l'art. 638 il résulte que le billet souscrit par un commerçant majeur et pleinement capable est considéré comme une obligation commerciale, non comme une obligation civile. Cet article ne s'occupe que d'une question de compétence, cela résulte non-seulement de la rubrique du titre où il est placé (*De la compétence des tribunaux de commerce*), mais encore des articles qui le précèdent, tels que les art. 632 et 633 qui énumèrent ce que l'on entend par *actes de commerce*. Puisque, ainsi que nous l'avons fait remarquer, nous nous occupons d'une question de validité d'obligation, l'art. 638 est donc inapplicable ici et nous rentrons dans le droit commun. — Il est vrai que, comme on l'objecte dans le système contraire, l'art. 638 ne distingue pas entre le commerçant majeur et le commerçant mineur et que l'art. 487 dit que le mineur émancipé commerçant est réputé majeur pour les faits relatifs à son commerce. Sans doute, cette distinction n'y est pas faite explicitement; mais la disposition de cet art. 638 autrement comprise aurait des conséquences tellement importantes pour les mineurs émancipés souscripteurs de billets qu'il y a tout lieu de croire que, si les rédacteurs du Code de commerce eussent entendu la leur appliquer, ils l'auraient dit expressément. — Enfin, ajoute-t-on, le commerce étant la principale affaire de ceux qui en font leur profession, on doit croire que toutes les obligations qu'ils contractent y sont relatives. C'est vraisemblable, mais cette vraisemblance ne peut pas suffire pour constituer une présomption légale (1).

Il n'y a pas de doute que l'émancipé commerçant pour-

---

(1) Bravard, art. 5, *Code com.* — Pardessus, *Dr. com.*, t. nos 62 et 71. — Massé, *Droit com.*, III, nos 93 et 175. — *Contrà*, MM. Demol., tome IV, no 301, — Valette *sur Proudhon*, I, p. 460, — Marcadé, art. 220, no 3, — Demangeat *sur Bravard*.

rait être autorisé par qui de droit à contracter une société commerciale avec une ou plusieurs personnes; mais, lorsqu'il a été simplement autorisé à faire le commerce, est-il par là-même capable de contracter une société commerciale? Des auteurs et des arrêts (Douai, 21 juin 1827 — Caen, 11 août 1828) lui reconnaissent ce droit, parce que l'autorisation de faire le commerce est un mandat général dans sa spécialité. En effet, disent-ils, rien n'empêcherait le mineur de contracter une société en participation avec un tiers pour une affaire, par exemple, d'acheter et de revendre une partie de marchandises de compte à demi avec un autre, ce qui est souvent un des expédients les meilleurs et les plus nécessaires du commerce. Or, s'il peut contracter cette société en participation avec un tiers et pour une seule affaire, pourquoi ne le pourrait-il pas avec plusieurs personnes et pour plusieurs affaires?

Cependant la solution contraire qui exige ici une autorisation spéciale est plus conforme à l'esprit de la loi, à l'intérêt de l'émancipé lui-même et l'intention de ceux qui l'ont autorisé à se livrer au commerce. En effet, la loi attache une grande importance à l'autorisation que doit obtenir le mineur et prend des précautions pour qu'elle ne soit pas donnée à la légère; l'art. 3 du Code de commerce l'exige même quand l'émancipé ne veut faire que quelques actes de commerce isolés, et l'art. 487 du Code civil le répute majeur, non pour tous les actes commerciaux, en général, mais seulement pour la branche de commerce qu'il a choisie. Or, ne serait-ce pas aller contre les vues du législateur et faire de l'autorisation une formalité illusoire que d'accorder à l'émancipé présumé capable de faire un commerce spécial et limité la faculté de prendre des associés et de se lancer avec eux dans des spéculations peut-être considérables et basardeuses. Cela sort évidemment des prévisions des parents ou du conseil de famille qui n'ont pas pu connaître les associés; de plus, l'émancipé n'a pas encore assez d'expérience pour qu'on lui permette de se choisir seul des associés peut-être téméraires et insolvables qui pourraient dans certains cas engager et compromettre sa fortune.

Il faudrait de même décider, je crois, que l'émancipé commerçant ne pourrait cautionner sans autorisation spéciale la dette commerciale d'un autre commerçant, lorsque cette dette ne lui est pas en même temps personnelle. En effet, un pareil cautionnement n'étant pas relatif à son négoce excéderait sa capacité, quand même il aurait un certain intérêt à la prospérité des affaires de celui qu'il cautionnerait. En outre, le créancier envers lequel l'émancipé s'engagerait comme caution n'aurait aucun moyen de savoir que son débiteur est associé d'intérêt avec le mineur; il devrait donc s'en rapporter à la simple déclaration de celui-ci, ce qui serait très-dangereux.

SECTION III. — EFFET DES ACTES DU MINEUR ÉMANCIPÉ.

Après avoir étudié dans tous ses détails la capacité de l'émancipé, recherchons maintenant quel est l'effet des actes accomplis par lui, suivant qu'il a ou non rempli les formalités exigées par la loi. Cette question, qui se rattache à la théorie générale des actes passés par les incapables seuls ou par leurs représentants est une des plus importantes et des plus difficiles du Code; elle est traitée, à propos de l'*action en nullité ou en rescision,* dans les art. 1304 à 1315, sur l'interprétation desquels les auteurs sont fort divisés.

Nous ne ferons pas ici la théorie des contrats nuls et annulables, ni celle des actions en nullité ou en rescision, ce qui nous entraînerait trop loin. Mais, après avoir exposé les systèmes entre lesquels se sont partagés les auteurs, nous démontrerons celui qui nous paraît le meilleur et appliquerons ses conséquences aux actes du mineur émancipé.

Il existe à cet égard quatre systèmes principaux qui traitent la question au point de vue du mineur en tutelle, se contentant à peine d'indiquer en quoi l'émancipation pourrait modifier les principes qu'ils posent.

Premier système. — Il se rattache à la théorie romaine adoptée aussi dans notre ancien droit. Toutes les fois que le pupille contractait *sine auctoritate tutoris*, il n'était aucunement lié et n'avait même pas besoin du secours de la *restitutio in integrum*; si, au contraire, le tuteur était intervenu, l'acte étant régulier en la forme, le pupille n'avait d'autre ressource que la restitution : voilà, nous l'avons vu, quelle était la doctrine romaine. Ces principes passèrent dans notre ancien droit, Pothier lui-même le reconnaît, bien que les inconvénients en fussent énormes. — Quant au Code civil, disent les partisans de ce système, il n'a rien entendu innover. L'art. 1305, en effet, disant que « la simple lésion donne lieu à la rescision en faveur » du mineur non émancipé *contre toutes sortes de conven-* » *tions,* » indique bien qu'il ne s'agit pas ici que des actes passés par le mineur en personne. De plus, l'art. 1314 parlant des aliénations d'immeubles et des actes de partage régulièrement faits par le tuteur leur reconnaît la même force que s'ils émanaient d'un majeur; décision inutile, s'il était de principe que le mineur représenté par son tuteur dût être assimilé à un majeur. D'ailleurs : *factum tutoris, factum pupilli*, ce que Pothier traduisait ainsi : » *les mineurs contractent par le ministère de leur tuteur.* » L'art. 481 du Code de procédure ouvre la voie de la requête civile aux mineurs condamnés qui n'ont pas été défend s ou ne l'ont pas été valablement, ce qui prouve, dit-on, que le mineur est restituable pour lésion contre les actes de son tuteur. La prescription ne court pas contre les mineurs (art. 2252), non parce qu'ils ne peuvent agir, puisque leur tuteur est là, mais simplement parce que cela ne servirait à rien, puisqu'ils sont toujours restituables. Aux termes de l'art. 1124, les mineurs sont incapables de contracter d'une manière générale, la loi ne distingue pas. — Ce premier système peut donc se résumer ainsi : A l'égard des actes passés par le mineur, ils sont annulables, indépendamment de toute lésion, pour cause d'incapacité ou pour vice de formes; à l'égard des actes passés par le tuteur, ils sont, soit annulables pour vice de formes, soit annulables ou rescindables pour lésion, lorsqu'il sont valables en la forme.

Appliquant ces principes au mineur émancipé, nous dirons dans ce système qu'il pourra faire seul tous les actes de pure administration « *sans être restituable contre* » *ces actes*, dit l'art. 481, *dans tous les cas où le ma-* » *jeur ne le serait pas lui-même.* » L'art. 1305 ne lui accorde la restitution pour lésion que *contre toutes conventions qui excèdent les bornes de sa capacité*. En dehors de là, l'art. 484 l'oblige à observer les formes prescrites au mineur émancipé. Mois, quand les formalités auront été observées, on devra donner la même solution que pour les mineurs non émancipés, c'est-à-dire qu'il n'y aura lieu à restitution qu'au cas de lésion (1).

Second système. — Proposé par M, Demante (2), il

---

(1) En ce sens MM. Troplong, *de la Vente*, t. I, art. 1591, n° 166. — Toullier, t. IV, n°s 105 et suiv.; t. VII, n°s 575, et suiv. — (2) MM. Dem. et Colm. de Sant., tome V, n°s 268 et suiv. en note.

peut se résumer dans les trois propositions suivantes :

1° Les actes contre lesquels un mineur peut revenir sont de deux sortes : les uns sont *nuls en la forme*, c'est-à-dire annulables pour incapacité et absence des formes protectrices; les autres ne sont que *sujets à restitution*, d'où résulte qu'à ceux-ci seuls s'applique la nécessité d'argumenter de la lésion. — Cette première proposition est aujourd'hui admise par tout le monde, car elle s'appuie sur l'art. 1311 qui distingue bien ces deux classes de nullités.

2° Sont *nuls en la forme* tous actes non passés dans la forme légale, c'est-à-dire dans lesquels le mineur a figuré seul, au lieu d'être représenté par son tuteur ou assisté de son curateur. — Sans doute, les actes faits sans les formes légales sont *nuls en la forme;* mais M. Demante reconnait lui-même que la conséquence qu'il veut tirer de cette idée est contestable, que seulement elle lui parait mieux se concilier avec les termes de l'art. 1305 et est plus pratique. Mais l'art. 1305 ne s'applique pas, comme nous le verrons, aux actes faits par le mineur en tutelle seul, mais seulement à ceux de son tuteur; car il n'y a que le mineur émancipé qui puisse agir seul. De plus, un pareil acte n'est pas nul en la forme, puisque chez nous le tuteur représente le pupille et a seul droit d'agir pour lui. — Pour le mineur émancipé, le savant professeur entend par nuls en la forme les actes qu'il a faits sans l'assistance de son curateur et qui excèdent les limites de sa capacité tracées par l'art. 481. L'art. 1305 régirait alors, suivant lui, les actes accomplis avec l'assistance du curateur et pour lesquels la loi n'aurait pas dit que le mineur serait réputé majeur, ce qui est arbitraire et rentre dans la théorie romaine soutenue par le premier système.

3° Les actes passés dans la forme légale sont valables, mais sujets à restitution pour lésion, à moins qu'une dispo. sition spéciale de la loi n'ait fermé cette voie. — Cette proposition s'appuie sur l'ancien droit qui avait adopté les principes Romains et aussi sur l'art. 1305 qui parle de *toutes sortes de conventions.* M. Demante reproduit aussi une partie des arguments du premier système. Pour les actes faits par le mineur émancipé avec l'assistance de son curateur, alors que les art. 483 et 484 ne l'y obligent pas, les soumettre à la rescision pour lésion, c'est aller contre le texte même de l'art. 1305 qui ne parle que des actes excédant les limites de sa capacité.

Troisième système. Il refuse au mineur toute restitution pour lésion quand les formalités prescrites ont été observées ou quand il n'y en a pas d'exigées, comme lorsque le tuteur ou le mineur émancipé a fait des actes de pure administration. Mais il assimile les actes valables en la forme aux actes nuls en la forme, lorsque le mineur émancipé ou non les a faits seul, et il les déclare toujours rescindables pour cause de lésion, ce qui est directement contraire au texte de l'art. 1311 qui fait une distinction à cet égard. On arrive ainsi à un résultat inadmissible ; car la capacité du pupille sera plus grande que celle de son tuteur, et de même le mineur émancipé seul aura plus de droits que s'il était assisté de son curateur (1).

Quatrième système. — C'est le seul qui soit en harmonie avec la législation actuelle et soit conforme aux vrais intérêts du mineur. Sa base fondamentale repose sur la distinction que fait l'art. 1311 entre les actes valables et les

---

(1) Merlin. Quest. de Droit, v° Hypothèque.

actes nuls en la forme, distinction commune aux actes passés par le mineur et à ceux passés par le tuteur.

1° *Actes valables en la forme.* — On appelle ainsi l'acte passé sans aucune formalité, lorsque la loi n'en exige aucune dans l'intérêt du mineur, ou encore l'acte soumis à des formalités spéciales passé par le tuteur ou l'émancipé avec l'accomplissement de ces formalités. — Ces actes, lorsqu'ils sont passés par le mineur lui-même et par lui seul, pourvu qu'ils ne soient soumis à aucune formalité spéciale, sont valables et rescindables seulement pour cause de lésion (art. 1305). Le premier système les déclare rescindables pour cause d'incapacité et indépendamment de toute lésion, il s'appuie pour celà sur les art. 1108, 1124 et 1125 dont l'art. 1305 aurait en les complétant modifié les dispositions. Vainement a-t on essayé d'écarter l'art. 1305 en soutenant qu'il ne s'applique pas aux actes passés par le mineur lui-même : une pareille prétention est inadmissible. Cet article comprend dans la même hypothèse l'émancipé et le mineur en tutelle; or le premier agit seul, donc il doit en être de même du second. Tous les textes qui précèdent ou qui suivent supposent évidemment le mineur agissant seul, l'art. 1304 parle même des *actes faits par les mineurs*. Seul dans toute la section, l'art. 1314 se réfère à un acte passé par le tuteur et dit qu'il est aussi valable que s'il avait été passé par un majeur, d'où les partisans du premier système ont voulu tirer un argument *à contrario*. Mais nous ferons remarquer que cet article n'existait pas dans le projet primitif, puis qu'il serait lui-même susceptible d'application quant aux aliénations d'immeubles et aux partages faits par les émancipés : les travaux préparatoires ne laissent aucun doute à cet égard. Le mineur peut contracter, mais ne peut être lésé : *restituitur non tanquam minor, sed tanquam læsus.* Domat disait que les mineurs sont incapables, non pas de contracter, mais de *faire des contrats qui leur nuisent.* — Les partisans du premier système soutiennent que notre doctrine prive le mineur en tutelle de toute protection, qu'il est dans une position pire que l'émancipé et que le retrait de l'émancipation ne sera d'aucune utilité. En effet, disent-ils, si un mineur en tutelle fait de folles dépenses, tout en payant pour cela des prix qui n'ont rien d'exagéré, votre système le laisse sans secours, puisque ses engagements ne sont pas *rescindables* pour une lésion qui n'existe pas ni *réductibles* comme ceux de l'émancipé (art. 484 et 485). Pour toute réponse, il suffit de faire remarquer que la lésion ne s'apprécie pas seulement eu égard à la disproportion de valeur entre ce que le mineur donne et ce qu'il reçoit (art. 1074 et 887); mais qu'il y a lésion toutes les fois que l'acte qu'il a consenti lui est préjudiciable. Quant à l'objection qui consiste à dire que le retrait de l'émancipation est dérisoire, puisque l'art. 485 permettant à l'émancipé d'acheter *sous condition seule de rescision* suppose forcément que ce droit n'appartient pas au mineur non émancipé, elle repose sur une confusion évidente entre l'action *en rescision* et l'action *en réduction*, comme nous le verrons en étudiant la révocation de l'émancipation (cass. 18 juin 1844, 24 avril 1861).

Il est vrai que telle n'était pas la théorie de nos anciens jurisconsultes qui avaient en cela copié le droit romain; car ils admettaient que le mineur pouvait être restitué même contre les actes valablement faits par son tuteur. Mais cette théorie dont le résultat était désastreux pour le mineur, puisqu'elle lui enlevait tout crédit, contre laquelle déjà les Empereurs romains avaient essayé de réagir par l'institution de la *venia ætatis,* n'était pas admise sans protestation par nos vieux auteurs, bien qu'elle ne fût pas contestée. Henrys dit : « *Il n'y a pas d'assurance plus grande que*

» *d'acheter l'immeuble du mineur plus qu'il ne vaut* », ce qui est la meilleure condamnation du système. Pothier avait même été jusqu'à abandonner en partie une doctrine aussi funeste, car il soutenait que les actes d'administration faits par le tuteur étaient à l'abri de la rescision. Il faut donc, pour soutenir que ce système a été reproduit par le Code, produire un texte positif ; or ce texte n'existe nulle part.

On a voulu argumenter de l'art. 481 du Code de procédure qui permet aux mineurs d'obtenir par la requête civile la rescision des jugements rendus contre leurs auteurs, lorsqu'ils n'ont pas été valablement défendus. S'il en est ainsi, a-t-on dit, n'est-ce pas parce que, en principe, le mineur peut se faire restituer pour lésion contre les actes qu'a faits son tuteur? Pour détruire ce raisonnement, il suffit de rappeler que le même article accorde aussi la requête civile à l'Etat, aux communes et aux établissements publics, c'est-à-dire à des personnes civiles qui ont aussi un représentant légal. Cependant on n'a jamais osé soutenir que ces incapables fussent autorisés à demander pour cause de lésion la rescision des actes réguliers émanant de leurs représentants.

Mais, nous dit-on, la prescription ne court pas contre les mineurs (art. 2252) ; car, la loi les admettant à se faire restituer contre les actes de leurs tuteurs ou curateurs, il eût été inutile de faire courir la prescription. A cela nous répondrons que cet article qui a du reste toujours soulevé de nombreuses objections suppose une omission, une négligence, mais non pas un acte régulièrement fait par le tuteur. Ainsi entendue, la suspension de prescription ne peut nullement tourner contre les mineurs et leur devenir préjudiciable.

2° *Actes nuls en la forme.* — On entend par là les actes

qui, soumis par la loi dans l'intérêt des mineurs à des formalités spéciales, ont été faits sans l'accomplissement de ces formalités. Il ne s'agit pas naturellement ici d'un acte solennel nul pour inobservation des formes nécessaires à son existence; car, étant alors inexistant, il ne pourrait être ratifié, ce que ne suppose pas l'art. 1311. — Si ces actes émanent du tuteur, ils sont nuls pour défaut de formes et aussi pour défaut de pouvoir; le mineur peut en demander la nullité indépendamment de toute lésion, car le tuteur n'est qu'un mandataire ordinaire. Toutefois nous croyons qu'ils ne sont qu'*annulables*, c'est-à-dire qu'ils sont susceptibles de ratification et que leur nullité se prescrit par dix ans (art. 1304). — S'ils émanent du mineur lui-même, ils sont aussi nuls pour défaut de formes et incapacité, c'est une des applications de l'art. 1311. Telle était d'ailleurs sur ce point la théorie de notre ancienne jurisprudence copiée elle-même dans le droit Romain; de plus, les dispositions de la loi qui soumettent les actes importants de la tutelle à certaines formalités sont absolues et s'appliquent aux actes eux-mêmes, à raison de leur caractère. Pour les tiers qui ont traité avec le mineur seul, ils ne pourront s'en prendre qu'à eux s'ils sont lésés par la rescision du contrat (art. 1307 et 1310) (1).

Après avoir exposé le système qui nous parait le meilleur, appliquons-le maintenant aux actes du mineur émancipé Pour cela, nous les partagerons en quatre catégories :

I. — La première comprend les actes à l'égard desquels

---

(1) Ce système est enseigné par MM. Demol., tome VII, §§ 820 et suiv. — Valette *sur Proudhon*, t. II. — Marc, t. IV, art. 1305. — Aubry et Rau, tome III, p. 179 et suiv.

l'émancipé est considéré comme pleinement capable et qui ne peuvent par conséquent être attaqués que dans les cas où ils pourraient l'être s'ils émanaient d'un majeur. — Nous mentionnerons tout d'abord les actes de pure administration faits par l'émancipé, à l'exception de ceux par suite desquels il aurait contracté des obligations personnelles et qui sont, comme nous allons le voir, réductibles pour cause d'excès (art. 484, 2°). En effet, ils remplissent toutes les conditions légales sous le rapport de la forme et de la capacité des parties contractantes, et l'art. 481 déclare formellement que « l'émancipé n'est pas restituable contre » ces actes dans tous les cas où le majeur ne le serait pas » lui-même. » — On doit de même déclarer parfaitement valables tous les actes consentis par le mineur émancipé avec l'accomplissement des conditions et formalités légales; car il a fait tout ce qu'il pouvait et devait faire, et il importe que les tiers puissent traiter avec lui en toute sécurité. — Enfin il faut en dire autant des actes passés par l'émancipé commerçant dans les limites de sa capacité commerciale (art. 487 et 1308).

Ces actes étant aussi valables que s'ils avaient été accomplis par un majeur ne sont donc ni annulables pour incapacité ou vices de forme, ni rescindables pour lésion. En effet, sous le rapport de la forme et de la capacité personnelle, ils remplissent les conditions légales. On a voulu soutenir que cependant ils pouvaient encore être rescindés pour lésion, et on s'est appuyé pour cela sur les principes romains qui étaient, avons-nous dit, professés dans notre ancien droit et qu'on prétend retrouver dans l'art. 1305. Cet article déclare que « la lésion donne lieu » à la rescision en faveur du mineur émancipé *contre* » *toutes conventions qui excèdent les bornes de sa capacité.* » Or il s'agit précisément ici d'actes accomplis par l'émancipé avec toutes les formalités et conditions légales, l'article 1305 est donc inapplicable. — Mais, ajoute-t-on, si la règle générale était que l'émancipé n'est jamais restituable contre un acte régulièrement fait par lui, il serait inutile que l'art. 1314 vînt dire spécialement pour les aliénations d'immeubles et partages de succession que ces actes seront considérés comme faits en majorité. Nous répondons à cela que cet article a eu précisément pour but d'abroger la règle de l'ancien droit qui déclarait ces aliénations et partages rescindables pour lésion; il est donc inadmissible que le Code ait voulu soumettre à la rescision d'autres actes bien moins graves, quand Pothier lui-même l'avait déjà rejetée pour les actes d'administration. —Enfin, on tire de l'art. 481 du Code de procédure et de l'art. 2252 des arguments que nous avons réfutés précédemment.

II. — Dans la seconde catégorie nous placerons les actes annulables pour cause d'incapacité ou vices de forme, indépendamment de toute lésion : ce sont tous ceux que la loi, dans l'intérêt de tous les mineurs, a soumis à l'accomplissement de certaines formalités. On applique ici les art. 1124 et 1311 qui ne distinguent pas entre les mineurs en tutelle et les mineurs émancipés. Pour faire annuler ces actes, le mineur n'a qu'à prouver qu'il les a accomplis en dehors des formalités légales, même quand il n'aurait pas été lésé. — Cependant un arrêt de cassation a décidé (17 août 1841) que l'obligation contractée par un émancipé devait être maintenue, bien qu'elle n'ait pas pour objet l'administration de ses biens, lorsqu'elle n'est pas excessive et que son utilité est constatée; mais nous pensons avec M. Demolombe que cette décision est loin d'être juridique et nous préférons la doctrine contraire consacrée par un arrêt plus récent. (Cass., 13 juin 1851.)

III. — Une troisième catégorie comprend les actes qui

sont annulables ou rescindables seulement pour cause de lésion. Ce sont ceux qui, tout en excédant les bornes de la capacité de l'émancipé (art. 1305), n'ont cependant pas été soumis par la loi à l'accomplissement de formalités spéciales. Leur nombre, en ce qui concerne l'émancipé, est nécessairement plus restreint que pour le mineur en tutelle, celui-ci n'ayant aucune capacité propre. Il s'agit ici des actes que l'émancipé n'aurait dû faire qu'avec l'assistance de son curateur et pour lesquels cette assistance était suffisante; s'il les a faits seul, il a excédé les bornes de sa capacité et pourra en demander la nullité, en prouvant toutefois qu'ils lui ont causé un préjudice. — Nous avons repoussé plus haut la doctrine des auteurs qui veulent fondre en une seule la deuxième et troisième catégories et déclarent rescindables seulement pour lésion tous les actes que l'émancipé a accomplis sans les formalités légales.

IV. — Enfin, dans la quatrième et dernière catégorie, nous rangerons les actes qui, n'étant ni annulables pour cause d'incapacité ou pour vices de forme ni rescindables pour cause de lésion, sont néanmoins, quoique valables en eux-mêmes, réductibles pour cause d'excès. Cette disposition est spéciale au mineur émancipé, elle est indiquée dans l'art. 484, 2°, qui modifie à cet égard le principe contenu dans l'art. 481. — L'action *en réduction* dont nous reparlerons plus loin ne doit pas être confondue avec l'action *en rescision;* elle n'est accordée qu'à l'émancipé qui ne peut invoquer l'action en rescision. De plus, elle est beaucoup moins énergique que cette dernière, puisqu'elle n'annule rien et que le succès en est subordonné à la bonne foi des tiers. — La réduction porte sur les actes par suite desquels le mineur aurait contracté des obligations personnelles, car il y a là pour l'émancipé un danger très-sérieux et qui a appelé l'attention du législateur. Le but de cette *réductibilité* est d'empêcher ce mineur de faire indirectement ce que la loi lui défend de faire directement; car, pouvant seul acheter des meubles et contracter des obligations, il eût été amené ainsi à emprunter par voie détournée, ce qui ne lui est permis *sous aucun prétexte* (art. 483). Le Code a voulu ici protéger l'émancipé, même dans les limites de sa capacité restreinte; c'est pourquoi il a voulu que les obligations excessives par lui contractées, même pour des causes n'excédant pas sa capacité, pussent être réduites. — Quant à la cause de cette réductibilité, elle se trouve dans une sorte de vice du consentement, de dol ou de surprise de la part des tiers qui ont abusé ou profité sciemment de l'inexpérience et de la prodigalité de l'émancipé (art. 1109 et 1116). S'il y avait fraude de leur part, les obligations du mineur pourraient même être annulées, ce qui alors ne rentrerait plus dans notre catégorie.

QUATRIÈME PARTIE

RÉVOCATION DE L'ÉMANCIPATION

En principe, l'émancipation ne doit cesser d'avoir effet qu'au moment où, en atteignant sa majorité, le mineur devient pleinement capable. Cependant il peut arriver que l'émancipé, au lieu de montrer la sagesse et l'habileté qu'on attendait de lui, ne se fasse remarquer que par son incurie et sa prodigalité; alors la faveur qu'il a obtenue pourrait lui devenir funeste et lui fournir le moyen de dissiper impunément son patrimoine. C'est pour éviter cet abus que le Code permet de priver de l'émancipation le mineur qui s'en est rendu indigne; par cette sanction énergique, il assure l'efficacité de l'institution elle-même. « Par suite de la révocabilité, disait M. Berlier au Corps » législatif, l'émancipation acquiert un degré d'utilité » immense; ce sera un stage pour la jeunesse. L'éman- » cipé craindra d'en perdre le bénéfice; averti que son » sort dépend de sa conduite, il contractera dès le com- » mencement de sa carrière civile les bonnes habitudes » qui doivent avoir une si heureuse influence sur le reste » de sa vie. »

Nous examinerons successivement quelles sont les conditions, les formes et les effets de cette révocation.

CHAPITRE I

Conditions de la révocation.

Le principe est contenu dans l'art. 485, dont le laconisme et l'insuffisance ont suscité bien des controverses : « Tout mineur émancipé, dit-il, *dont les engagements » auraient été réduits* en vertu de l'article précédent, » *pourra* être privé du bénéfice de l'émancipation. »

A prendre ce texte à la lettre, l'émancipation ne peut être révoquée que si les engagements ont été effectivement réduits par un jugement. Mais la demande de révocation doit pouvoir également se fonder sur toute décision judiciaire qui aurait constaté la mauvaise gestion de l'émancipé et reconnu ses obligations exagérées et réductibles, sans cependant en prononcer la réduction. Ce n'est pas en effet la réduction des engagements excessifs, c'est leur excès même qui doit motiver la révocation. Si le tribunal ne prononce pas cette réduction, c'est que peut-être il a égard à la bonne foi des tiers qui ont contracté avec l'émancipé et aux manœuvres qu'il a employées pour les tromper : aussi serait-il étrange qu'une pareille situation profitât au mineur. Tout ce que la loi veut, c'est qu'il y ait préalablement une décision judiciaire constatant la mauvaise gestion du mineur, afin que la faculté de lui retirer l'émancipation puisse être exercée par ceux à qui elle la confère.

L'émancipé qui a contracté des engagements excessifs peut en demander lui-même la réduction, parce qu'il est capable d'agir en justice. Si l'on s'en tient à cet égard aux dispositions formelles du Code, il faut décider que liu seul, à l'exclusion de tous autres, a le droit de réclamer cette réduction; et, comme le retrait de l'émancipation n'est qu'une conséquence du jugement qui proclame la réductibilité des dépenses, l'émancipé est alors le maître absolu de faire prononcer ou non la révocation! — Cette doctrine est enseignée par un grand nombre d'auteurs (1) qui, tout en regrettant dans la loi une pareille lacune, n'ont pas cru pouvoir la combler, tout ce qui régit l'état et la capacité des personnes étant de droit étroit.

Cependant les conséquences de cette opinion sont tellement dangereuses, tellement contraires à l'idée qu'a eue le législateur en instituant l'émancipation, que nous n'hésitons pas à adopter le système d'après lequel l'émancipé n'est pas le seul qui ait le droit de demander la réduction de ses engagements. — En effet, il est peu probable que l'émancipé aille provoquer lui-même un jugement qui divulguera sans profit pour lui ses folies et ses prodigalités, puis aura pour dernier résultat de lui faire retirer l'émancipation et de le remettre en tutelle. En outre, il se peut que, par un sentiment d'honneur exagéré et cependant respectable, il ne veuille pas attaquer devant les tribunaux des engagements qu'il a volontairement consentis. L'application de l'art. 485 serait donc des plus rares et son utilité presque illusoire. Aussi, nous inspirant de l'esprit de la loi, reconnaîtrons-nous la faculté de demander la réduction des engagements excessifs du mineur à ceux qui ont le droit absolu de révoquer son émancipation, c'est-à-dire, suivant les circonstances, au père, à la mère ou au conseil de famille; car la demande en réduc-

(1) En ce sens MM. Aubry et Rau, t. I, p. 492. — Valette, *Explicat. sommaire*, du liv. I du code civ, p. 335.

tion est le préliminaire indispensable de la révocation. Quant au curateur, bien que son assistance soit nécessaire à l'émancipé pour former sa demande en réduction, il n'a pas qualité pour agir ici *proprio motu;* car il n'a pas le doit de faire révoquer l'émancipation. --Il est vrai que les actions en nullité ou en rescision établies en faveur des incapables n'appartiennent qu'à eux seuls, mais nous avons vu que bien différente est l'*action en réduction* qui ne doit pas être confondue avec elles (1).

L'émancipation peut-elle être retirée au mineur marié ou veuf, ayant ou non des enfants ? Faut-il, à cet égard, distinguer s'il a été émancipé par le fait seul de son mariage ou s'il ne s'est marié que postérieurement à son émancipation? Dans tous les cas, sans exception, la négative nous paraît évidente. — Pour soutenir l'affirmative, on s'appuie sur la généralité des termes de l art. 485 qui dit que l'émancipation pourra être retirée à *tout mineur émancipé*, et aussi sur cette circonstance qu'on a retranché de l'art. 86 du projet les mots *autrement que par mariage* qui restreignaient la révocation au cas où l'émancipé n'avait pas été marié.

Le système contraire soutenu d'ailleurs par le plus grand nombre des auteurs objecte avec raison, croyons-nous, que la loi reconnaît deux sortes d'émancipation : l'une *expresse* que les parents ou le conseil de famile peuvent conférer et par suite retirer; l'autre *tacite* qui s'opère de plein droit par le seul fait du mariage, qu'ils ne peuvent empêcher ni par conséquent révoquer. Ce qui prouve que l'art. 485 ne se réfère pas à cette dernière, c'est qu'il ordonne d'observer

---

(1) Cour de Paris, 19 mai 1838. — Demol., tome VIII, n°s 347 et 348.

pour révoquer l'émancipation les mêmes formes que celles qui ont été employées pour la conférer, chose évidemment impossible ici. Le législateur a pensé que l'état de mineur en tutelle était incompatible avec la qualité d'époux; or cette considération a la même force après le mariage qu'au moment même de sa célébration. Quant à la suppression des mots *émancipés autrement que par mariage* qui se trouvaient dans le projet primitif, rien n'indique qu'elle ait eu dans la pensée de ses auteurs la portée qu'on lui attribue; elle a eu au contraire pour but d'empêcher qu'on ne crût que l'émancipation expresse pourrait être retirée à un mineur qui l'aurait obtenue avant son mariage.

Toutefois parmi les partisans de l'affirmative, il s'est produit des divergences. Ainsi Marcadé soutient que le mineur resté veuf sans enfants peut être privé de l'émancipation, comme s'il n'avait pas été marié; car il n'est plus chef de famille, et on ne peut invoquer en sa faveur l'incompatibilité existant entre la qualité d'époux ou de père et l'état de mineur en tutelle. Nous repoussons cette distinction et opposons à ses adhérents le dilemme suivant : ou l'émancipation tacite est régie par l'art. 485 dont le texte est absolu, et alors elle pourra *dans tous les cas* être retirée à l'émancipé; ou, au contraire, cet article lui est inapplicable, et alors la circonstance que l'émancipé n'a pas d'enfants ne peut créer une révocabilité qui n'est pas dans la loi. Cette révocation serait d'ailleurs beaucoup plus grave pour le mineur qui a été chef de famille, et l'utilité qu'il y aurait à retirer l'émancipation est bien plus évidente quand le mineur est époux ou père que quand il est veuf sans enfants. En effet, dans ce dernier cas, il ne compromet que son propre patrimoine, tandis que, dans le premier cas, il compromet en outre celui de sa femme et de ses enfants. — Ce que nous disons du mineur émancipé veuf sans enfants s'applique aussi à la mineure émancipée veuve sans enfants.

Examinons maintenant une question très-importante au point de vue pratique, celle de savoir si l'émancipation pourrait être retirée au mineur qui, sans contracter d'engagements réductibles, se livrerait à des habitudes de désordre et de débauche, en d'autres termes, si la mauvaise conduite est par elle seule une cause de révocation. — Du silence de la loi à cet égard, les auteurs ont généralement conclu à la négative; car, disent-ils, l'état et la capacité des personnes réglées souverainement par la loi ne peuvent être modifiés qu'en vertu d'un texte précis, or ce texte n'existe nulle part. Sans doute, il y a là dans le Code une lacune qui entraîne des conséquences fâcheuses; mais ce n'est pas à l'interprète qu'il appartient de la combler.

Ce sont ces conséquences qui ont avec raison effrayé certains auteurs; ils ont cherché à y remédier, et M. Demolombe entre autres (tome 8, n° 357) a cru trouver dans l'esprit même de la loi des moyens suffisants pour amener le retrait de l'émancipation et arracher ainsi l'émancipé au déshonneur et à la ruine morale. — Comment, dit l'éminent professeur, la loi autorise la révocation de l'émancipation dans l'intérêt de la fortune du mineur qui peut-être n'est pas sérieusement compromise, et elle ne l'autoriserait pas dans l'intérêt de sa personne, de son avenir, de son bonheur ! Le législateur n'a pu tomber dans une aussi scandaleuse contradiction. En effet, le législateur en considérant les engagements excessifs contractés par l'émancipé comme la cause de la révocation n'a pas seulement eu en vue la protection des biens, mais il a aussi songé à la protection de la personne du mineur et à l'abus qu'il pourrait faire de sa liberté. Remarquant que le désordre des mœurs entraîne presque toujours celui de la fortune, il a pensé que le mineur émancipé répréhensible dans la conduite de sa personne le serait aussi dans l'administration de ses biens. La plupart des auteurs reconnaissent d'ailleurs que l'on pourrait retirer l'émancipation au mineur dont les engagements seraient *réductibles*, même quand ils n'auraient pas été *réduits*. Partant de cette idée, on est facilement conduit à admettre que la réductibilité est moins une condition que l'indice et le symptôme d'une cause qui doit produire le même effet dès qu'elle se réalise, fût-ce même avec des circonstances que le législateur n'a pas directement prévues. — En second lieu, on sait que les tribunaux exercent, en ce qui concerne la garde et la protection du mineur, une sorte de tutelle suprême et de magistrature domestique. Ils ont le droit de le soustraire à la garde de son père lui-même ; dès lors, n'est-il pas naturel et en même temps conforme à l'intérêt social de leur donner le droit de soustraire l'émancipé à ses propres égarements ? Où serait donc le danger d'une pareille doctrine ?

Quelque puissantes que soient les raisons données par M. Demolombe, nous ne croyons pas que son système soit celui de la loi. — Rien ne prouve d'abord que le législateur, dans la rédaction de l'article 485, ait eu en vue le cas de la mauvaise conduite du mineur. Il est d'autant plus permis d'en douter que notre ancien droit n'avait pas de règle fixe sur ce point, que rien dans les travaux préparatoires n'indique à cet égard l'intention des rédacteurs, enfin que le chapitre de l'émancipation s'occupe de la gestion des biens de l'émancipé et nullement du gouvernement de sa personne. En outre, la prodigalité n'est pas toujours la conséquence du désordre des mœurs. Si nous étendons l'art. 485 au cas de réductibilité, c'est que nous avons un texte qui nous révèle expressément la volonté du législateur et serait sans cela à peu près inexplicable et inutile : nous ne faisons donc qu'interpréter une disposition formelle et dont les termes vagues se prêtent facilement à cette extension. Pour faire rentrer au contraire dans l'article 485 le cas de mauvaise conduite du mineur, il faut imaginer un principe nouveau et le baser sur de simples présomptions qui ne trouvent aucun appui dans la loi écrite, ce qui n'est jamais permis à l'interprète. — Tout le monde reconnaît aux tribunaux le droit de contrôler l'exercice de la puissance paternelle ; mais il doit être restreint dans les plus étroites limites, puisqu'il n'est pas écrit dans le Code. Aussi nous paraît-il inadmissible d'étendre ce droit si exceptionnel au cas de mauvaise conduite d'un émancipé; car on ne peut établir aucune analogie entre un père qui maltraite ses enfants ou les livre à la corruption et un mineur émancipé qui s'adonne à la débauche. L'esprit de la loi semble du reste opposé au système que nous combattons ; car le Code permet de faire interdire le majeur de vingt-et-un ans qui dissipe sa fortune ou de lui donner un conseil judiciaire, tandis qu'il ne reconnaît à personne le droit de réprimer ses écarts si considérables qu'ils puissent être. — Enfin l'opinion que nous combattons arrive à créer non-seulement une nouvelle cause, mais encore une nouvelle forme de révocation ; car celle-ci résulterait alors d'un jugement du tribunal, alors que l'art. 485 nous dit qu'elle ne doit avoir lieu qu'en vertu de la déclaration des parents ou du conseil de famille. Comme rien ne fixe le caractère et la gravité que devrait avoir la mauvaise conduite du mineur pour donner lieu à la révocation, on donnerait ainsi aux juges un pouvoir d'appréciation illimité qui pourrait porter atteinte à la liberté individuelle.

Sans doute, il serait à désirer que les parents eussent, dans l'intérêt de leur enfant et de la société, un moyen de réprimer les désordres de l'émancipé. Mais, tout en constatant à cet égard dans le Code une lacune regrettable, nous ne croyons pas que la doctrine puisse la combler par voie d'interprétation. Quant aux tribunaux, ils ont eux-mêmes refusé de se reconnaître le droit arbitraire qu'on prétendait leur attribuer.

CHAPITRE II

Formes de la révocation.

Aux termes de l'art. 485, l'émancipation sera retirée au mineur *en suivant les mêmes formes que celles qui auront eu lieu pour la lui conférer.* — En prenant ce texte à la lettre, son application serait souvent impossible, lorsque, par exemple, ceux qui ont conféré l'émancipation n'existent plus quand il s'agit de la révoquer. Notre article doit donc être entendu en ce sens que l'émancipation peut être révoquée par les personnes qui auraient actuellement le droit de la conférer, en se conformant à cet égard à ce que nous avons dit précédemment.

La déclaration ou délibération qui révoque l'émancipation est-elle susceptible d'un recours devant la justice de la part du mineur ? — L'affirmative est soutenue par Delvincourt qui reconnaît au mineur le droit de se pourvoir soit quant à la forme, soit quant au fond contre la délibération du conseil de famille; mais, quant à la décision qui émane des père et mère, il reconnaît qu'elle est souveraine et que le mineur n'a qu'à se soumettre. A l'appui de cette doctrine, il allègue la suppression de l'art. 86 du projet qui portait : « La délibération du conseil de famille

» ne sera point sujette à l'homologation et ne sera suscep-
» tible d'aucun recours ».

Malgré son importance, cet argument n'est pas assez puissant pour nous faire adopter une opinion qui déroge aux principes généraux sur la matière. Nous ferons toutefois une distinction entre la question de droit et la question de fait. Sans doute, si l'émancipé prétend qu'il n'est pas dans le cas de l'art. 485, le tribunal devra vérifier son allégation; car, s'il n'existe pas de jugement prononçant la réduction ou au moins l'excès d'un engagement quelconque, la révocation est impossible. Mais, une fois que la constatation judiciaire de cette réductibilité est un fait reconnu, le droit des parents et du conseil de famille de retirer l'émancipation est absolu et souverain. Quant à la suppression de l'art. 86 du projet, elle ne saurait dans notre hypothèse créer pour les tribunaux une faculté contraire au droit commun.

Mais si la délibération du conseil de famille révoquant l'émancipation ne peut être attaquée par le mineur, ne peut-elle pas l'être par les membres de la minorité, lorsqu'elle n'a pas été prise à l'unanimité. A cet égard, nous n'hésitons pas à répondre affirmativement et à donner ici la solution que nous avons donnée plus haut sur la question de savoir si la décision du conseil accordant ou refusant l'émancipation était ou non susceptible d'un recours devant les tribunaux; car les deux hypothèses nous paraissent liées par la plus étroite affinité.

CHAPITRE III

Effets de la révocation.

Le principal effet est indiqué dans l'art. 486 qui est ainsi conçu : « Dès le jour où l'émancipation aura été ré- » voquée, le mineur *rentrera en tutelle* et y restera jus- » qu'à sa majorité accomplie ». Ajoutons tout de suite que le mineur rentrera *en puissance paternelle*, s'il y a lieu, et non pas en tutelle. Le résultat essentiel de la révocation, celui d'où découlent tous les autres, est donc d'enlever au mineur le gouvernement de sa personne et l'administration de son patrimoine, de le replacer par suite dans son ancien état de dépendance.

En reprenant la puissance paternelle, le père ou la mère recouvre sur la personne et les biens de l'enfant toutes les prérogatives qui y sont attachées, notamment des droits de garde, de correction et d'administration légale. On s'est demandé s'il recouvrait aussi l'usufruit légal sur les biens de l'enfant âgé de moins de dix-huit ans : l'affirmative nous paraît évidente, bien qu'elle soit contestée par la majorité des auteurs. Il est bien entendu que les fruits échus depuis l'émancipation appartiennent irrévocablement à l'enfant, car le retrait de l'émancipation ne peut produire effet que pour l'avenir.

L'extinction de l'usufruit légal est la conséquence de l'émancipation, car il ne peut subsister alors que l'enfant est réputé capable de gérer ses biens. Mais, l'émancipation cessant, tous ses effets légaux doivent cesser et le père doit recouvrer intacte sa puissance paternelle : *cessante causa, cessat effectus*. Nous n'avons pas besoin à cet égard d'un texte spécial ; car l'art. 484 nous dit que l'émancipé *pourra être privé du bénéfice de l'émancipation*, et la cessation de l'usufruit légal est un des principaux bénéfices de l'émancipation. Il n'est pas vrai de dire que le père qui émancipe son enfant renonce à l'usufruit légal, c'est à la puissance paternelle elle-même qu'il renonce dans des limites que la loi détermine ; or, nous avons dit que cette puissance lui était restituée avec tous ses attributs. — On objecte que la révocation étant dans l'intérêt de l'enfant ne doit pas lui nuire ; à cela, nous répondons avec M. Demolombe (tome 6, n° 555) qu'il est nécessaire, dans l'intérêt même de l'enfant, qu'elle ait en même temps un certain caractère de correction et que les effets en soient exemplaires. — Sans doute, l'extinction de l'usufruit légal peut se trouver livrée au caprice des père et mère qui ont seuls le droit de provoquer le retrait de l'émancipation ; mais n'oublions pas que la révocation ne peut être prononcée par le juge de paix qu'autant que les tribunaux ont réduit ou au moins déclaré réductibles les engagements du mineur, ce qui est pour lui une garantie considérable.

Lorsque l'enfant émancipé pendant le mariage de ses père et mère a perdu l'un d'eux au moment où arrive la révocation, il ne *rentre* pas en tutelle, comme dit l'art. 486, mais il y *entre* pour la première fois La tutelle sera donc déférée ici d'après les règles ordinaires : il y a lieu à la tutelle légale du survivant des père et mère ou des ascendants, et, à défaut d'ascendants, à la tutelle dative. Toutefois il pourra difficilement y avoir lieu ici à la tutelle testamentaire ; car elle ne peut être établie que par le dernier mourant des père et mère, déjà tuteur lui-même.

Si au contraire le mineur était déjà en tutelle lors de son émancipation, c'est une question vivement débattue que celle de savoir sous quelle tutelle il rentrera par suite de la révocation. Il s'et élevé sur ce point jusqu'à quatre systèmes différents.

Le premier qui est le plus simple et semble de prime abord le plus conforme aux termes un peu vagues de l'art. 486 pose en principe que l'ancienne tutelle revit : par conséquent, le tuteur et le subrogé-tuteur dont les fonctions avaient pris fin par suite de l'émancipation les reprennent, sans distinguer s'ils les tenaient de la loi, de la volonté des père et mère ou de la désignation du conseil de famille (1).

Les trois autres systèmes reposent sur cette idée, que c'est une tutelle nouvelle qui commence et non pas l'ancienne qui revit. Celle-ci en effet a pris fin par l'émancipation, le tuteur et le subrogé-tuteur ont été déchargés de leurs fonctions et la reddition de comptes a eu lieu : il faut donc organiser une nouvelle tutelle. Quant à la manière de la déférer, c'est ici que commence le désaccord entre les trois dernières opinions, qui reconnaissent du reste que le subrogé-tuteur et le tuteur datif doivent toujours être nommés par le conseil de famille.

Les uns soutiennent que la nouvelle tutelle doit toujours être dative; car, disent-ils, il y a ici une situation toute différente de l'état antérieur à l'émancipation, et, la loi n'ayant pas créé pour ce cas de tuteur légitime, on ne peut appliquer les règles ordinaires sur la délation de la tutelle.

Marcadé (tome 2, art. 486, n° 2), tout en admettant le principe de ce système, fait une exception en faveur du survivant des père et mère qu'il déclare investi de plein droit de la tutelle légale, en vertu de la règle générale qui fixe

(1) Toulier. — M. Valette, *Explicat. somm.*, p. 337.

la dévolution de la tutelle. Mais, si tous deux sont morts ou dans l'impossibilité d'exercer la tutelle, alors il n'y a pas lieu à la tutelle légitime des ascendants, l'émancipation ayant été retirée par le conseil de famille. Celui-ci se trouve en effet seul dépositaire de l'autorité sur l'enfant et le maître d'ouvrir ou non la tutelle en retirant ou en maintenant l'émancipation ; il est donc tout naturel qu'il ait le droit de déférer cette tutelle, comme dans le cas où il en a exclu ou destitué le survivant des père et mère.

Une quatrième et dernière opinion, plus généralement admise, défère la tutelle de la même manière que si elle s'ouvrait pour la première fois. Ce sera donc le survivant des père et mère qui en cette qualité sera d'abord tuteur légal, et, à son défaut, l'ascendant du degré supérieur ; si les ascendants sont décédés ou ne peuvent prendre la tutelle, elle sera dative et conférée par le conseil de famille en la forme ordinaire. En effet, la loi ne dit nullement que l'ancienne tutelle doive revivre, aucun texte n'oblige les anciens tuteur et subrogé-tuteur à reprendre leurs fonctions, alors surtout qu''ils en ont été déchargés et ont rendu leurs comptes. — Le système de Marcadé tombe dans une grave inconséquence; car on ne s'explique pas pourquoi, tout en admettant le principe d'une nouvelle tutelle, il sacrifie la vocation légale des ascendants et la fait fléchir devant cette circonstance que c'est le conseil de famille qui a retiré l'émancipation (1).

Si l'émancipé est un enfant naturel, il n'y aura jamais lieu qu'à la tutelle dative; car, les père et mère naturels ne méritant pas la même confiance que les parents légitimes,

---

(1) MM. Demol., tome VIII, n° 366. — Aubry et Rau, tome I, p. 501. — Demante, tome II, n° 257 *bis*. — Duranton, tome III, n° 676.

la loi n'a pas voulu leur conférer la tutelle légale de leurs enfants. — S'il s'agit d'un enfant admis dans un hospice, il rentrera sous l'autorité de la commission administrative de l'établissement à laquelle la loi du 15 pluviôse an XIII, avons-nous vu, a conféré tous les droits des père et mère.

La puissance paternelle et la nouvelle tutelle rétablies par la révocation de l'émancipation doivent durer jusqu'à la majorité (art. 486). Le mineur ne peut sous aucun prétexte obtenir une seconde fois l'émancipation; l'expérience ayant si mal réussi, la loi n'a pas voulu qu'elle fût recommencée. — Ceci toutefois ne s'applique qu'au cas d'émancipation expresse; car le mineur recouvrera le bénéfice de l'émancipation s'il se marie avant sa majorité, puisque l'émancipation n'a lieu alors que par voie de conséquence, la qualité de mineur en puissance paternelle ou en tutelle étant incompatible avec l'état d'époux. — Pour terminer ce qui concerne la révocation et clore ainsi cette étude sur l'émancipation et la condition des mineurs émancipés en droit français, disons encore quelques mots du mineur émancipé commerçant.

Outre ses effets ordinaires, la révocation de l'émancipation en a un autre très-important, lorsqu'elle frappe un mineur commerçant ; c'est de lui enlever la capacité de faire le commerce. Sans doute, il peut paraître bizarre que ce résultat provienne de causes qui seront souvent purement civiles; car les engagements civils de l'émancipé sont réductibles, tandis que ses engagements commerciaux ne le sont pas. Cependant la loi est formelle; elle a pensé qu'il y avait entre toutes les opérations civiles et commerciales du mineur une liaison intime, et que celui qui dissipe sa fortune personnelle ne peut pas être un bon commerçant. — Du reste, comme le mineur pourrait profiter de l'ignorance où seraient les tiers relativement à la révocation de l'émancipation et continuer à se livrer à des spéculations dont ils deviendraient les victimes, il faudra que le retrait de l'autorisation de faire le commerce soit rendu public, comme l'a été cette autorisation elle-même.

Ces décisions fondées sur l'art. 2 du Code de commerce sont généralement admises. Mais il s'élève à ce sujet une question vivement controversée, c'est celle de savoir si l'autorisation donnée à l'émancipé de faire le commerce peut lui être retirée directement et sans qu'il soit privé pour cela de l'émancipation. Les auteurs reconnaissent en principe que cette autorisation est irrévocable et que les parents ne peuvent la retirer sans motifs, puisqu'il y a là pour le mineur un droit acquis. Si cependant l'émancipé commerçant se lance dans des opérations ruineuses et insensées de nature à compromettre sa fortune, peut-on lui retirer isolément l'autorisation de faire le commerce?

Bien que le Code civil et le Code de commerce soient muets sur ce point, plusieurs jurisconsultes effrayés du danger qu'il y aurait à laisser le mineur engloutir ainsi son patrimoine, choqués de la pensée de lui accorder d'une manière irrévocable la capacité très-étendue de commercer, alors que l'émancipation en elle-même demeure toujours révocable, ont cherché s'il n'y aurait pas dans les analogies du droit un moyen d'arriver à retirer directement au mineur émancipé l'autorisation de faire le commerce.

Delvincourt enseigne que les parents qui ont accordé l'autorisation de faire le commerce pourront dénoncer au tribunal les obligations commerciales de l'émancipé;

comme elles ne sont pas réductibles (art. 487 et 1308), le tribunal aurait alors à rechercher si elles seraient réductibles en les supposant non commerciales. S'il se prononçait pour l'affirmative, on révoquerait l'émancipation et par suite le droit de faire le commerce (Delv. tome 1, p. 127, note 3). Ce système est très-ingénieux sans doute, mais on n'y arrive qu'à l'aide d'une fiction de droit qui certainement n'a jamais été dans la pensée du législateur.

Une autre opinion propose de demander purement et simplement au tribunal civil de prononcer la révocation du droit pour l'émancipé d'être commerçant. En effet, disent ses partisans, c'est la justice qui, d'après le droit commun, prononce sur l'état et la capacité des personnes, qui nomme, par exemple, des conseils judiciaires aux prodigues : Tous les intérêts seront donc garantis par ce moyen, et on ne laissera pas ainsi à l'émancipé un pouvoir dont il abuserait presque certainement. De plus, objectent-ils au système qui déclare l'autorisation irrévocable, vous rendez ainsi l'émancipation elle-même irrévocable, lorsque le mineur n'aura pas contracté d'engagements civils excessifs. Sans doute, cette doctrine arrive à un heureux résultat et pourrait être bonne en législation ; mais elle nous paraît inadmissible en droit, parce qu'elle viole elle-même les art. 487 et 1308 en faisant réduire par les tribunaux civils des engagements commerciaux, puis crée une révocation *sui generis* que la loi ne prévoit nullement.

Aussi préférons-nous nous ranger à l'avis de ceux qui pensent que l'autorisation de faire le commerce ne peut jamais être retirée directement à l'émancipé (1). En

(1) En ce sens MM. Pardessus, *Dr. comm.*, tome I, n° 58. — Massé, *Dr. comm.*, tome III, liv. III.

effet, la loi qui confère aux parents le droit d'accorder au mineur cette autorisation ne donne à personne celui de la retirer; on ne peut donc créer une cause de déchéance, ni appliquer à des engagements commerciaux des règles exclusivement propres au droit civil. Les systèmes qui veulent suppléer au silence du Code tombent dans de graves inconvénients. La faculté un peu arbitraire laissée aux parents de retirer le droit de faire le commerce nuirait souvent au crédit du mineur avec qui on hésiterait à contracter si sa capacité pouvait être changée d'un jour à l'autre; elle permettrait, en sens contraire, à l'émancipé de s'entendre avec ses parents pour faire révoquer son droit de commercer et continuer des spéculations dont les tiers seraient victimes; enfin ce droit laissé aux parents est en contradiction avec l'esprit de la loi qui assimile complétement le mineur émancipé commerçant au majeur. — Sans doute, nous n'admettons pas qu'on puisse retirer *directement* au mineur émancipé l'autorisation de faire le commerce; mais rien n'empêche qu'on ne puisse à cet égard restreindre *indirectement* sa capacité. En effet, nous avons dit plus haut que tout mineur émancipé ou non pouvait être interdit et nous en avons conclu qu'il pouvait *à fortiori* recevoir un conseil judiciaire. Or, comme les auteurs partisans de l'interdiction du mineur émancipé ou non, d'accord en cela avec la jurisprudence, ne distinguent pas entre l'émancipé commerçant et celui qui ne l'est pas, nous ferons de même et dirons que le mineur commerçant qui compromet sa fortune par des prodigalités et des opérations extravagantes pourra recevoir un conseil judiciaire, aux termes de l'art. 513. D'une part, nous écarterons ainsi les inconvénients du retrait direct d'autorisation venant des parents; d'autre part, nous éviterons le danger qu'il y aurait à laisser un prodigue se livrer sans contrôle à des opérations commerciales où il engloutirait peut-être tout son patrimoine. De cette manière, les intérêts du mineur et des tiers seront sauvegardés et la loi sera respectée dans ses termes et dans son esprit, ce qui doit être pour l'interprète une règle inviolable.

POSITIONS

DROIT ROMAIN

I. — Le fils de famille mineur de vingt-cinq ans peut obtenir la *restitutio in integrum*, alors même qu'il a emprunté d'après l'ordre de son père (page 16).

II. — Lorsque la dette du mineur restitué a été cautionnée, la question de savoir si ce sera le créancier ou la caution qui supportera définitivement la perte dépendra des circonstances (page 21).

III. — Les mineurs et les majeurs de vingt-cinq ans sont restituables même contre un défaut de gain (page 30).

IV. — La solvabilité des tuteurs ou curateurs rend inutile la *restitutio in integrum* contre les actes qu'ils ont faits ou auxquels ils ont participé (page 34).

V. — Il n'y a point antinomie entre la loi 3, § 2 et la loi 30 du titre : *De minoribus XXV annis* (page 64).

VI. — La maxime : *inviti adolescentes curatores non*

accipiunt ne s'applique qu'aux mineurs qui n'ont jamais été en tutelle (page 69).

VII. — La capacité du mineur de vingt-cinq ans pourvu d'un curateur général et permanent a varié avec les époques (page 74).

DROIT FRANÇAIS

Droit civil.

I. — La mère peut émanciper son enfant toutes les fois que le père est *dans l'impossibilité* de le faire (page 130).

II. — Le juge de paix peut toujours convoquer d'office le conseil de famille (page 138).

III. — Les mots *resté sans père ni mère* de l'art. 478 ne s'appliquent pas seulement au décès des parents (page 140).

IV. — La délibération du conseil de famille relative à l'émancipation du mineur peut être attaquée devant les tribunaux (page 142).

V. — La curatelle du mineur émancipé est toujours *dative*, sauf celle du mari sur sa femme (page 148).

VI. — Le mineur émancipé ne peut jamais *compromettre* (page 162).

VII. — Il ne peut seul hypothéquer ses immeubles, même pour garantir les obligations qu'il est capable de contracter (page 164).

VIII. — Tout mineur peut être interdit (page 176).

IX. — Les opérations qui intéressent le patrimoine des mineurs sont inattaquables pour cause de simple lésion, quand elles ont été régulièrement accomplies (pages 193 et suiv.).

X. — Dans tous les cas où le tuteur aurait pu agir sans remplir de formalité spéciale, le mineur est tenu de prouver la lésion pour faire annuler ses actes (pages 193 et suiv.).

XI. — La nullité de forme est suffisante, indépendamment de toute lésion, dans les cas où le tuteur n'aurait pu agir régulièrement sans remplir de formalité spéciale (pages 193 et suiv.).

XII. — L'émancipation ne peut *jamais* être retirée à une personne mariée ou veuve (page 205).

XIII — La mauvaise conduite du mineur n'est pas par elle seule une cause de révocation de l'émancipation (page 207).

XIV. — La révocation de l'émancipation fait renaître l'usufruit légal des père et mère (page 212).

XV. — Elle donne lieu à une nouvelle tutelle et ne fait jamais revivre l'ancienne (page 213).

Droit Commercial.

I. — Les actes faits par le mineur émancipé commerçant sont, jusqu'à preuve contraire, réputés étrangers à son commerce (page. 185).

II. — Le mineur émancipé commerçant ne peut, sans une autorisation spéciale, contracter avec des tiers une société commerciale (page 187).

III. — L'autorisation de faire le commerce ne peut pas être retirée *directement* au mineur émancipé (page 217).

Droit Pénal.

I. — L'art. 317 du Code pénal ne punit que l'avortement consommé, mais jamais la simple tentative, de quelque personne qu'elle émane.

II. — L'interdiction légale ne résulte pas des condamnations par contumace.

DROIT DES GENS.

I. — Les crimes et délits commis *à bord des navires de guerre étrangers*, mouillés dans nos ports et nos eaux territoriales, ou bien à bord de leurs canots et embarcations, sont traités comme s'ils avaient été commis hors de France.

II. — *A bord d'un navire de commerce étranger*, les délits de service ou de discipline intérieure, les crimes ou délits du droit commun commis entre gens de l'équipage seulement, toutes les fois que le secours de l'autorité locale n'est pas réclamé ou que la tranquillité du port n'est pas compromise, doivent être abandonnés à la juridiction étrangère.

HISTOIRE DU DROIT.

I. — Pour produire émancipation, l'habitation séparée du fils devrait durer dix ans (page 101).

II. — Le fief et la censive prirent naissance dans des concessions en précaire faites à des clientèles d'ordre différent et dans des démissions de la propriété converties en précaire.

Vu par le Président de la Thèse :
G. DEMANTE.

Vu par le Doyen de la Faculté :
G. COLMET DAAGE.

Vu et permis d'imprimer
Le Vice-Recteur de l'Académie de Paris.
A. MOURIER.

ERRATA

Page 7, note 2, — § 316 au lieu de § 115.
Page 15, ligne 1, — *quas* — *quos*.
Page 17, ligne 2, — *puisse* — *pût*.
Page 25, ligne 8, — lire *préteur*.
Page 47, ligne 24, — lire *les mineurs*, au lieu de *les majeurs*.
Page 75, ligne 18, — *proinde* au lieu de *prœinde*.
Page 75, note 3, — après loi 141, ajouter § 2.
Page 88, ligne 9, — après *mort* , au lieu de ;.
Page 99, ligne 17, — *n'était pas* au lieu de *n'était plus*.
Page 102, ligne 19, — *parlent* au lieu de *parlait*
Page 130, ligne 27, — effacer le mot *tout*.

TABLE DES MATIÈRES

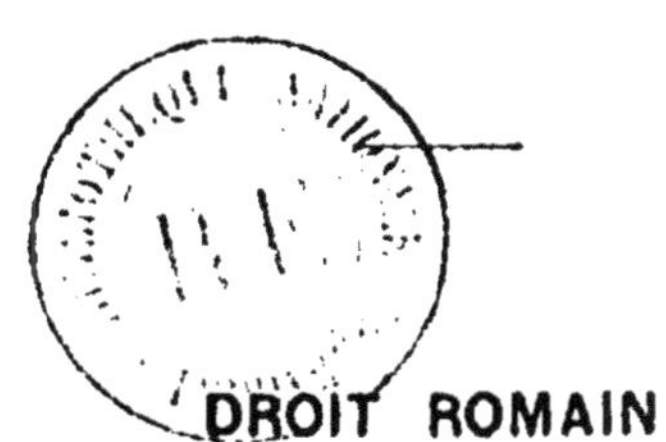

DROIT ROMAIN

DE MINORIBUS XXV ANNIS.

Troisième partie.

DROIT FRANÇAIS

DE L'ÉMANCIPATION ET DES MINEURS ÉMANCIPÉS

ANCIEN DROIT

DROIT ACTUEL

Première partie.

Deuxième partie.

Troisième partie.

Quatrième partie.

Versailles. — Imprimerie BEAUGRAND et DAX, rue du Potager, 9.

www.ingramcontent.com/pod-product-compliance
Ingram Content Group UK Ltd.
Pitfield, Milton Keynes, MK11 3LW, UK
UKHW020135220726
13923UKWH00001B/186

9 782016 168745